초등 국어 독해의 길잡이

독해력 키움

2단계 (2학년)

어린이집으로 가는 버스를 탄 아이들의 모습을 보면, 고개를 숙이고 무엇인가를 열심히 보고 있습니다. 아침 일찍부터 스마트폰에 빠진 것입니다. 아이들의 이런 모습은 초등학교, 중학교, 고등학교 과정을 거치면서도 그다지 나아지지 않습니다. 스마트폰에 빠지는 게 무엇이 문제냐고요? 무엇보다 아이들이, 보고 듣는 데만 익숙해져서 조각난 생각조차 하지 않는 습관에 젖어 버려서 큰 문제이지요.

컴퓨터도 그렇지만, 스마트폰도 손가락으로 화면을 넘기면서 빠르게 작업을 하게 되어 있는 기기입니다. 작업하는 속도가 빨라야 자부심을 느낄 수 있다고 하여 중간에 생각을 하거나 정리를 하는 시간은 아예 가지지 못한 채 슬쩍슬쩍 지나쳐야 합니다. 이러니 시간이 지나 나이가 들수록 생각의 깊이나 폭과는 거리를 두게 됩니다. 생각의 폭을 넓히고, 깊이를 더하기 위해서는 스스로 생각하는 버릇을 들여야 합니다. 하지만 보는 일에만 길들여져서는 그런 버릇을 들일 수가 없고, 반드시 읽어야 하는 것입니다. 일정한 분량의 글을 읽어서 뜻을 새기고, 새로운 생각을 떠올리고, 읽은 내용을 다른 분야에 응용하는 생각까지 해보아야 힘을 붙여 나갈 수 있습니다.

> **김갑주 선생님 약력**
> 김갑주 선생님은 서울대학교 국어국문학과를 졸업하고 장훈고등학교에서 국어를 가르쳤으며, 대성학원과 종로학원에서 국어영역 명강사로 활약하였습니다.
> 그동안 중고등학교 국어 관련 집필을 하시다가 최근에는 초등학교 독서교육에 힘쓰고 있습니다.

우리나라의 대학 입시 제도는 복잡하고 변화무쌍하기로 악명이 높습니다. 이런 실정에서는 시간이 흘러 제도가 바뀌더라도 그대로 써먹을 수 있는 공부를 해 두는 것이 안심이겠지요. 동서고금을 막론하고, 교육 쪽의 학자들이 고교 과정까지 아이들이 필수적으로 공부해야 할 과목으로 언어 논리와 수리 논리를 들고 있습니다. 언어 논리는 언어로써 논리적인 사고력을 키우는 과목이고, 수리 논리는 숫자로써 논리적인 사고력을 키우는 과목입니다. 다른 과목을 위한 기초를 이 두 과목에 의해 마련할 수 있고, 추론, 비판, 창의, 적용 등의 사고 능력도 이 두 과목으로부터 키워나갈 수 있습니다. 게다가 제도의 변화에 흔들리지 않고 능력을 지켜나갈 수 있으니 언어 논리와 수리 논리는 얼마나 중요한지 모르겠습니다. 언어 논리를 키워나가는 데 가장 중요한 일이 읽기의 힘을 키우는 일입니다. 그것도 초등학교 때 집중적으로 키워두어야 가장 효과적입니다.

저는 고등학교와 대학입시 학원에서 30여 년 동안 아이들에게 책 읽기와 글쓰기 지도를 하였습니다. 가르치는 경력이 얼마 되지 않았을 때부터 줄곧 궁금했던 것 중의 하나는 고등학교 과정에 있는 아이들이 어째서 읽기의 능력이 이렇게 부족할까 하는 점이었습니다. 아이들을 관찰하기도 하고, 직접 이야기도 나누어보니, 읽은 책이 얼마 되지 않아서 그렇게 되었음을 알 수 있었습니다. 그래서 책을 왜 이렇게 읽지 않았느냐고 다시 물어보았더니, 읽기를 하는 올바른 방법을 가르쳐 주는 선생님도, 알려주는 책도 없고 보니 아예 읽기에는 관심도 취미도 붙이기 어려웠다고 하더군요. 그래서 저는 언젠가 아이들이 일찍부터 올바른 읽기 방법을 익혀, 흥미를 느끼고 책을 읽을 수 있도록 길잡이가 될 만한 책을 쓰고 싶었습니다. 오랜 기간 자료를 모으고 준비하였으며, 드디어 체계적으로 독해력을 향상시킬 수 있는 방법을 궁리하여 이 책을 쓰게 되었습니다.

책을 여섯 단계로 나누어, 학년별 교과 과정을 충실히 반영하면서 그보다 수준을 조금씩 높이도록 했습니다. 예컨대, 3단계라면 대체로 3학년의 교과 과정과 관련을 맺었지만, 문제에서는 눈높이를 약간 높였습니다. 무엇보다도 아이들의 읽기 능력을 빠른 시간에 키워갈 수 있도록 글을 고르는 데 공을 많이 들였습니다. 국어 교과서의 글은 물론이고, 사회와 과학 교과에서도 글감을 구해서 정리한 글을 실었습니다. 필요에 따라 교과서 밖에서 글을 골라서 수준을 높이려 하였습니다. 우리가 목표로 삼고자 하는 독해력 키우기는, 언어 논리를 다루는 분야이니 거기에 치중하도록 했습니다.

이런 생각도 미리 해보았습니다. 이 책은 아이들이 혼자 다루기에는 힘겨울 수 있으니까, 선생님이든 부모님이든 누군가 도와주어야 하지 않을까 하는 생각입니다. 그렇다고 처음부터 아이와 함께 문제 풀이에 나서라거나, 주입식으로 강의하시라는 뜻은 전혀 아닙니다. 아이가 글을 읽고 문제 풀이를 한 뒤에 채점하면서 질문하도록 하고, 책의 뒤에 붙은 해설을 보아가면서 도움말을 주시라는 것입니다. 그러려면 함께 공부해야 하는 번거로움은 있겠지만, 아이와 함께 문제 풀이에 애쓰다 보면, 정도 새록새록 더해질 테고 아이의 읽기 능력도 크게 길러지는 보람도 함께 느낄 수 있을 것입니다.

초등학생이 볼 책을 쓰면서 가장 어려운 점이 아이들 눈높이를 맞추는 일이라는 사실을 다시 확인할 수 있었습니다. 아이들 관점에서 이해할 수 있는 글이고, 풀이할 수 있는 문제인지 머릿속에 그려보기도 하고 선생님들께 여쭈어보기도 했습니다. 그런데도 눈높이의 문제는 속 시원하게 해결되지 않은 것 같습니다. 이렇게 남은 문제는 선생님들과 부모님들, 아이들의 바른말을 들어가면서 고쳐나가고 보완해 나갈 것을 약속드립니다.

대표 집필 **김 갑 주**

독해력 키움의 중요성

모든 과목 이해의 열쇠는 독해력

❖ 국어는 물론이고 수학, 사회, 과학, 영어도 독해의 힘이 있어야 높은 성적을 기대할 수 있습니다.

❖ 모든 과목에는 개념을 설명하는 글이 있고, 문제를 펼쳐 보이는 글도 있는데, 가장 먼저 이런 글을 이해해야 성적을 올릴 수 있습니다.

독해력은 초등 때 결정

❖ '세 살 버릇 여든 간다.'는 속담이 독해에도 꼭 맞아떨어집니다.

❖ 초등 과정에서 올바른 방법으로 독해력을 키워두면, 중·고등 과정은 물론이고 대학까지도 편해집니다.

❖ 가장 어려운 고비라고 하는 대학수학능력시험은 독해력이 튼튼해야 모든 과목에 걸쳐 좋은 성적을 낼 수 있습니다.

❖ 잘못된 독해 방식에 젖어 있는 사람은 고등학교에 가서 온갖 방법을 궁리하고 노력해도 혼란스럽기만 하고 성적이 잘 오르지 않습니다.

독해력 키우는 방법

❖ 여러 갈래의 글(설명하는 글, 설득하는 글, 이야기 글, 시 등)을, 갈래별로 나누어놓은 읽기의 이론을 익힌 뒤에 이 이론에 따라 많은 글을 읽어야 합니다.

❖ 갈래별로 나누어놓은 읽기의 이론은 이 책의 본문 앞에 실려 있으므로 잘 이해하여 몸에 배게 해야 합니다.

❖ 어떤 갈래의 글이든지 가장 먼저 이루어져야 할 일은 중심 내용(주제)을 찾는 것입니다.

❖ 중심 내용을 파악하기 위해서는, 글에 나타난 사실을 이해하고, 읽은 내용을 바탕으로 어떤 생각을 더 해 볼 수 있는지 떠올려보며, 때로는 읽은 내용을 따져서 비판도 할 수 있어야 합니다.

❖ 읽은 글 아래 문항의 수는 5~6개이고, 이 문항들은 유형별로 같은 번호가 지정되어 있어서, 반복 학습을 통해 독해력을 향상할 수 있도록 하였습니다.

❖ 문항 유형별로 풀이하다 보면 자연스럽게 독해력을 키울 수 있도록 문항 유형들이 유기적으로 배열되어 있습니다.

❖ 이 책에서는 1번이 '주제 찾기' 문제인데, 가장 중요하기 때문에 이 자리에 놓았으며, 그 아래에 놓인 모든 문제를 다 풀어 본 뒤에 다시 1번의 주제를 한 번 더 확인해보아야 정확한 주제를 찾을 수 있습니다.

도움주기

독해력 키움의 문제 앞에 놓인 글이든, 글 아래에 놓인 문제이든 아이들이 스스로의 힘으로 이해할 수 있도록 꾸몄습니다. 되도록 간섭은 줄이고, 부모님이나 선생님께서 아이를 도와주실 때는 다음에 유의하십시오.

01

글이나 문제에서 뜻을 모르는 낱말이 있다고 할 때는, 그 낱말의 앞이나 뒤에 놓인 다른 말과 연결하여 미루어 뜻을 떠올려 볼 수 있도록 힘을 키워주십시오. 쉽사리 사전을 찾도록 한다거나 글 전체, 문제 전부를 풀이해주는 방식으로는 남에게 기대는 버릇만 들게 할 것입니다.

02

이 책의 끝에 있는 체크리스트 점검표 작성을 도와주시고 주기적으로 확인해 주십시오. 아이의 약점을 파악하여 자주 틀리거나 이해가 부족한 문항 유형을 중심으로, 그 문항 유형의 어려움을 극복하기 위해서 무엇을 고치고 보완해야 하는지 알려주십시오. 고칠 점, 보완해야 할 점은 해설을 보면 잘 나와 있습니다.

03

주관식 문제는 예시에 따라 채점을 도와주세요.

한 낱말이나 빈칸이 정해진 하나의 구절로 답하는 문제에서는 0점과 모범 답안과 일치하는 만점밖에 없습니다.

여러 개의 낱말로 답하는 문제에서는 배점에 문항 수를 나누어 정답에 비례하여 채점합니다. 하나의 구절이나 문장으로 답하는 문제에서는 미리 주어진 조건을 고려하여 모범 답안의 내용과 일치하는 정도에 따라 점수를 주어야 할 것입니다.

독해력 키움의 구성

01 단계를 나누어 체계를 잡았습니다.

독해력 키움은 초등학교 교육 과정에 맞추어 1단계부터 6단계까지 모두 여섯 단계로 이루어져 있습니다. 그렇지만 학년과 단계가 꼭 일치하는 것은 아닙니다. 체계를 튼튼히 다진 다음, 키움의 속도를 높이기 위해 학년보다 한 걸음 더 나아가도록 하였습니다. 읽기 능력의 개인 차이를 고려하여 자신의 수준에 맞는 단계를 골라서 시작할 수 있습니다.

02 읽기의 이론을 자세히 소개하여 길잡이로 삼도록 했습니다.

글의 큰 갈래를 비문학과 문학으로 나누고, 갈래의 특성에 따른 읽기의 이론을 본문의 앞에 실었습니다. 단계별 수준을 고려하여 차이를 두고 소개하였습니다. 본문과 문제에 들어가기에 앞서 잘 익혀두어야 합니다.

03 모든 교과목에 걸쳐, 여러 갈래의 글을 골랐습니다.

국어 교과서의 글을 기준으로 삼아, 국어는 물론이고 바른 생활, 슬기로운 생활, 즐거운 생활, 그리고 예체능과 관련된 글도 망라하여 문제 앞에 싣는 글로 골랐습니다. 비문학(설명하는 글, 설득하는 글)과 문학(이야기, 시)을 균형을 맞추어 배치하였습니다. 글이 속한 내용 분야를 보아도 인문, 사회, 경제, 과학, 문화, 예술 등 참으로 다양합니다.

독해력을 체계적인 방법으로 키울 수 있도록 하였습니다.

'SSAT(미국 고등학교 입시)'와 '대학수학능력시험'의 독해력 평가 유형을 염두에 두고 초등과정에서 효과적인 독해력 향상을 위한 문항 유형을 만들었습니다. 이를 위해 짜임새가 좋은 지식의 체계로서, 창의적으로 생각하는 바탕으로서, 여러 분야에 두루 활용될 수 있는 글을 골랐습니다. 글 아래의 '주제 찾기1~적용하기6'의 문항 유형을 순서에 따라 풀어서, 분석, 이해, 추리, 적용의 종합적인 사고 능력을 키울 수 있습니다.

독해력을 키우기 위해 꼭 필요한 지식을 갖추도록 문제를 만들었습니다.

독해력은 문제만 많이 푼다고 키울 수 있는 단순한 기능이 아닙니다. 어법, 문학 작품과 관련된 지식, 그 밖의 배경 지식 등이 갖추어져 있어야 보다 튼튼하게 키울 수 있습니다. 글을 고를 때 이 점을 고려하였고, '세부내용 5'번 문제는 순전히 이런 목적에서 출제하였습니다.

창의력과 응용 능력을 키울 수 있도록 힘을 기울였습니다.

읽기는 종합적인 생각의 과정이어야 합니다. 글의 사실을 이해하고, 이해한 사실에 미루어 새로운 내용을 짐작해보고, 글의 성질에 따라서는 비판도 하면서, 때로는 새로운 생각을 떠올리거나 다른 일에 응용할 줄도 알아야 합니다. '미루어알기 4', '적용하기 6'의 문제 유형은 이런 의도에서 출제하였습니다.

Contents

초등 국어 독해의 길잡이
독해력 키움

I 논리적인 글 읽기

논리적인 글이란 어떤 글인가요?

1. 설명하는 글

⑴ 가리킨 물건이나 일이 무엇인지 알려주는 글입니다.(사실)
  예) 동생은 나보다 키가 작습니다.
⑵ 몰랐던 것을 알기 쉽게 풀어놓는 글입니다.(지식)
  예) 덧셈은 숫자 둘을 서로 합하는 것입니다.
⑶ 세상에서 일어난 일을 알려주는 글입니다.(정보)
  예) 우리나라의 어린이 수가 점점 줄어들고 있어요.

2. 설득하는 글

⑴ 가리킨 물건이나 일이 좋다, 나쁘다. 혹은 옳다, 그르다 어느 쪽인지 뚜렷이 드러내는 글입니다.(의견)
  예) 어려운 친구를 도와주는 것이 마땅하다.
⑵ 물건이나 세상 일이 어떠해야 하는지 힘주어 말하는 글입니다.(주장)
  예) 물을 아껴 써야 합니다.

논리적인 글은 어떻게 쓰나요?

1. 설명하는 글 쓰기

쓰는 방법이 12가지나 됩니다. 설명하는 글을 쉽고 정확히 읽기 위해서 잘 익혀두어야 합니다. 예문을 새겨 읽어보면 각각의 방법이 어떠한지 알아차릴 수 있습니다.

방법	예문
전체를 부분으로 나누기	시계 바늘은 시침, 분침, 초침으로 이루어집니다.
	친구의 얼굴은 검은 바탕이지만, 눈, 코, 입은 반짝입니다.
가리키거나 뜻을 밝히기	저기 잘 달리는 짐승은 말입니다.
	날짐승은 날개를 가진 짐승입니다.
묶거나 예를 들기	소, 돼지, 말, 코끼리 등 네 발로 땅위를 걸어 다니는 짐승을 길짐승이라고 합니다.
	시장에서는 여러 가지 물건을 팝니다. 예를 들면, 밥과 국수 같은 먹는 것, 바지나 저고리 같은 입는 것 등입니다.

둘을 나란히 견주기	친구와 나는 달리기를 잘합니다.
	이것은 붉은색이고 저것은 푸른색입니다.
	쟁반같이 둥근 달이 동산에 떴습니다.
순서를 생각하고 늘어놓기	음식을 너무 많이 먹어서 배탈이 났습니다.
	찬물을 두 컵 냄비에 붓고, 오 분 정도 끓인 뒤에 스프와 라면을 넣어 요리를 완성할 수 있습니다.
	삼촌은 스무 살이 될 때까지 고향을 떠나지 않고 줄곧 같은 집에서 살았습니다.

2. 설득하는 글 쓰기

설득하는 글의 중심 내용이 되는 의견과 주장을 함께 일컬어 '생각'이라고 합니다. 또 자신이 직접 겪은 일이나 글을 읽고 알게 된 내용을 들어가면서 그렇게 생각하는 이유를 밝히는 것을 '까닭'이라고 합니다.

생각	까닭
어려운 친구를 도와주는 것이 마땅하다.	**겪은 일**: 나의 도움으로 친구가 다시 힘을 얻어 어려움을 이겨내는 것을 보았어.
	읽은 것: 훌륭한 일을 하여 존경을 받는 사람들의 전기를 읽어보니 어릴 적부터 남을 열심히 도와주었어.
운동을 알맞게 해야 한다.	**겪은 일**: 운동을 하여 땀을 흘린 뒤에 공부를 하니 기분이 좋아 아주 잘 되었어.
	읽은 것: 엊그제 신문 기사를 보니, 하버드대학교의 교수께서 운동을 매일 한 학생들이 학교 생활을 훨씬 잘하더라고 했어.

논리적인 글은 어떻게 읽나요?

논리적인 글을 읽을 때는 무엇보다도 글의 중심 내용이 무엇인지 정확하게 알아내어야 합니다.

1. 설명하는 글 읽기

글이 놓여 있는 순서에 따라 문단별로 전하고 있는 사실, 지식, 정보가 무엇인지 파악해가면 중심 내용을 쉽게 정리할 수 있습니다. 문단의 내용을 읽어가다 보면, '이처럼', '이와 같이', '요컨대'와 같은 말로 시작하는 문장이 나타나는 경우가 있는데, 이 문장이 중심 내용을 담고 있는 경우가 많습니다.

그리고 앞에서 익혀둔 설명하는 글쓰기의 방법 12가지 중 어떤 방법을 썼는지 떠올려가면서 읽으면 중심 내용 파악하기가 더욱 편해집니다.

2. 설득하는 글 읽기

글이 놓여 있는 순서에 따라 문단별로 중심 내용을 담고 있는 문장을 찾거나 만들어보면서 읽어 내려갑니다. 글을 전부 읽었으면 글쓴이의 의견이나 주장을 간추리고 그런 생각을 가지게 된 까닭도 읽은 글의 내용을 바탕으로 하여 따져봅니다.

글 전체의 중심 생각은 '따라서', '그러므로', '결국' 등의 말로 시작하는 문장에 실려 있다고 보면 됩니다.

Ⅱ 문학적인 글 읽기

문학적인 글이란 어떤 글인가요?

줄거리가 있는 일[이야기]이나 사람의 마음[시]을 표현하는 글입니다.

1. 이야기

남다른 성격과 행동을 보이는 사람[인물]이 등장하고, 읽는 사람을 놀라게 하는 일[사건]이 일어나며, 그런 일이 일어나는 때와 장소[배경]가 정해져 있는 글입니다.

이야기의 문장은 산문인데, 등장인물이 하는 말과 그 밖의 말로 나누어집니다. 등장인물의 말을 대사(또는 대화)라고 하고, 그 밖의 말을 지문(또는 서술)이라 합니다. 지문을 통해 이야기를 전하는 '서술자'는 지은이를 대신하여 인물, 사건, 배경에 대해 말해주는 사람입니다.

2. 시

속뜻을 새겨보아야 할 낱말이 있으며, 노래 부르기 좋은 모양을 보이고, 느낌과 생각을 담고 있는 글입니다.

시는 노래 부르기 좋게 규칙적으로 엮은 말의 질서가 지닌 아름다움을 잘 살린 글인데, 이런 글을 운문이라 합니다. 사용하는 말은 물건이나 일, 사람 등을 정확히 가리키기보다는 빗대기 때문에 다른 물건이나 일, 사람 등을 떠올리도록 합니다.

시에는 말하는 사람이 따로 있는데, 이 사람을 '화자'라고 합니다. 시는 화자에 의해 말하는 사람의 느낌과 생각을 드러냅니다.

문학적인 글은 어떻게 읽나요?

문학적인 글에 속하는 두 갈래의 글은 워낙 그 차이가 뚜렷하기 때문에, 갈래에 따라 알맞은 방법으로 읽어야 합니다.

1. 이야기

이야기는 길고 내용이 복잡하게 얽혀 있기 때문에, 놓여 있는 순서를 따라 읽어 가면서 다음의 일들을 따지고 정리합니다.

(1) 인물의 말과 서술자의 말에서 알아내야 할 것들

이야기의 문장은 인물의 말(대사, 대화)과 서술자의 말(서술, 지문)로 구별됩니다. 인물의 말에는 작은따옴표("~")가 앞과 뒤에 붙어 있고, 서술자의 말에는 그런 부호가 붙어있지 않습니다.

인물의 말을 통해 그 말을 한 사람의 마음이 어떠한지 알아차려야 합니다. 또 어떤 사건이 일어나고 있는지 짐작할 수 있어야 합니다. 서술자의 말을 통해 인물의 성격이나 마음, 일어나고 있는 사건, 사건이 일어나고 있는 시간과 장소 등을 알아내어야 합니다. 가끔은 서술자가 이야기의 중심 내용을 친절하게 알려주기도 하므로 이런 것도 놓칠 수 없겠지요.

(2) 인물, 사건, 배경의 변화 정리하기

줄거리를 따라 가면서 변화하는 것만 다시 정리하는 것입니다.

등장인물의 성격이나 마음이 변하면 어떻게 변하였는지, 무엇 때문에 변하였는지 알아둡니다. 사건의 변화는 일을 풀어주는 방향인지, 더 꼬이게 하는 것인지 구별해주면 됩니다. 때와 장소의 변화는 쉽게 알아차릴 수 있을 테니, 그런 변화와 더불어 인물과 사건이 어떻게 변화하는지 눈여겨 보아둡니다.

2. 시

낱말과 구절이 품고 있는 뜻이 여럿일 수 있기 때문에, 다음과 같이 단계를 따라 차근차근 새기면서 정리합니다.

 모양 보기 몇 개의 큰 묶음으로 나누어져 있는지, 줄의 길이가 같은지 다른지, 같거나 비슷한 모양의 말이 반복되는지 등을 눈여겨 보아둡니다. 시의 특징 있는 모양은 표현하려는 느낌이 생각과 잘 어울리도록 하는 효과가 있습니다.

 표현의 이해 상식에서 벗어나 거짓말처럼 꾸민 말만 찾아서 그렇게 꾸민 까닭을 따져봅니다. 예를 들면, '어머니의 얼굴은 세상을 비추는 보름달'이라 표현했다면, 이 말은 상식을 벗어난 거짓말이 틀림없습니다. 그런데도 이렇게 말한 것은 어머니의 얼굴이 '너그러우며 세상을 널리 감쌀 만큼 넉넉함'을 실감 나게 드러내기 위해 빗대어 일부러 그렇게 한 것입니다.

 중심 대상 알기 몇 군데의 어려운 표현을 짚어가면서 왜 그렇게 표현했는지 이해하고 나면, 무엇을 중심 대상으로 삼고 있는지 알 수 있습니다. 중심 대상이 시에서는 '글감'입니다. 이 시는 '무엇'을 읊었다라고 했을 때 '무엇'이 바로 글감인 중심 대상입니다.

 화자의 마음 떠올리기 시에서 말하는 사람인 '화자'가 물건이나 일, 사람에 대해 어떤 느낌이나 생각을 말하고 있는지 정리합니다. 화자의 느낌이나 생각이 바로 그 시의 주제이므로 넷째까지 어려움 없이 해낼 수 있다면, 어떤 작품이라도 읽을 수 있는 힘이 생겼다고 할 수 있습니다.

시의 내용을 새겨서 정리할 때, 가장 중요하고 반드시 거쳐야 하는 단계는 2단계입니다. 2단계에서 예를 든 표현은 '비유'입니다. 비유는 시를 이해하려 할 때 기본적인 표현이므로 한 번만 더 확인하고 갈까요? 비유의 표현이 나타났을 때는 무엇을 따져 그 표현을 이해할 수 있다고요? 그렇지요. 왜 그렇게 표현했는지 까닭을 따지면 됩니다. '아버지는 곰'이라고 표현했다면, 아버지가 미련하거나, 곰처럼 몸집이 크기 때문에 그렇게 표현한 것으로 보면 되겠지요.

Ⅲ 문항 유형에 따라 읽기

검증된 평가로 유명한 'SSAT'나 '대학수학능력시험'의 읽기 능력 평가 유형과 방법을 참고하여 초등 단계에서 가장 효과적이고 체계적인 독해력 향상을 위한 문항 유형 7개를 확정하였습니다. 그 중, 1단계 와 2단계에서는 5~6개를 다루었습니다. 모든 글의 문제 유형에 따른 배열의 순서는 고정되어 있습니다.

글을 읽고 문제를 풀 때는, 가장 먼저 '사실이해 3'을 새겨 두어야 합니다. 모든 글 읽기는 주어진 글의 사실이해로부터 출발해야 하기 때문입니다. 이 문항의 선택지에 실려 있는 내용은 주어진 글을 이해하는 데도 큰 도움이 됩니다. 따라서 이 문항과 선택지를 보면서 글의 내용을 정확히 파악하는 연습이 기본적 으로 대단히 중요합니다.

● 주제찾기 1

독해에서 가장 중요한 활동. 글쓴이가 전하려고 한 중심 생각 찾기.

글 전체의 중심 내용 찾기, 중심 내용을 찾는 방법, 중심 내용을 알아야 떠올릴 수 있는 내용, 중심 내용 을 표현한 방법 등을 묻는 유형.

설명하는 글, 설득하는 글에서는 문장이나 구절을 통해 직접 드러내기도 하지만, 드러내지 않은 글에서 는 읽는 사람이 정리하여 주제문을 작성해 보아야 주제를 찾았다고 할 수 있습니다. 설명하는 글에서는 '이 처럼', '이와 같이', '요컨대' 등의 말이, 설득하는 글에서는 '그러므로', '따라서' 등의 말이 문장의 맨 앞에 놓 이면 주제문일 가능성이 높습니다. 이 문항은 다른 문항들의 이해와 깊은 관련성이 있어서, 모든 문항을 풀 고 다시 확인해 보는 습관을 들여야 합니다.

이야기 글에서는 서술자의 말을 통해 직접 나타나기도 하지만, 대개는 인물의 행동이나 사건을 통해 읽 는 사람이 스스로 파악해야 합니다. 이야기 글을 읽으면서 인물, 사건, 배경 중 무엇이 중심에 놓여 있는지 알아차리면 주제를 쉽게 찾을 수 있습니다.

시에서는 말하는 사람이 어떤 느낌이나 생각에 사로잡혀 있는지 파악하여 정리합니다. 시에서 말 하는 사람의 느낌이나 생각을 파악하기 위해서는 비유, 상징, 반어, 역설이라는 4가지 표현 방법에 대한 이해가 가장 먼저 이루어져야 합니다.

● 글감찾기 2

'제목찾기 2'로 나타나기도 함. 글에서 반복하여 나타난 말이나, 글의 대상이 된 것.

　설명하는 글. 설득하는 글에서는 여러 번 반복하여 나타난 글의 중심 낱말을 찾아내는 것이 가장 중요합니다. 중심 낱말이 그대로 글감이 되기도 하며. 제목은 중심 낱말을 넣어 '~와(과) ~', '~의 ~', '~와(과) ~의 관계'라는 형식으로 만들 수 있습니다.

　이야기 글에서는 주제 찾기에서 이미 해둔 구성의 3요소 중 무엇에 초점을 맞추었는지 다시 확인하기만 하면 글감이나 제목을 쉽게 떠올려볼 수 있습니다.

　시에서는 어려운 표현을 이해하면서 사람. 사람의 마음. 자연. 사회 등 무엇을 시의 대상으로 삼고 있는지 떠올려 봅니다. 여러 번 나타나는 낱말은 글감. 제목과 관련이 깊습니다.

● 사실이해 3

글에 나타난 사실을 있는 그대로 이해했는지 확인.

　설명하는 글. 설득하는 글에서는 긍정과 부정의 정도. 원인과 결과의 관계. 생각과 까닭. 방법과 절차 등에 유의하면서 글에 나타난 사실을 있는 그대로 이해했는지 다시 한 번 확인합니다.

　이야기 글에서는 줄거리의 사실을 중심으로 이 문항이 만들어지므로. 선택지 내용이 글에 나타난 것인지 하나씩 따져보도록 합니다.

　시에서는 표현만 이해하면 확인할 수 있는 내용으로 이 유형이 이루어지므로 시의 표현에 대한 공부를 미리 해두어야 합니다. 이 공부는 이 책에 실려 있는 이론을 익혀두는 것으로 충분합니다.

● 미루어 알기 4

글에 나타난 사실에 미루어 짐작해 본 내용.

　설명하는 글. 설득하는 글에서는 글에 나타난 사실을 바탕으로 새로운 생각을 해 보는 유형의 문항이므로. 선택지의 각 항목에 나타난 내용이 글의 어떤 내용으로부터 이끌어낸 생각인지 정확히 찾아보아야 합니다.

　이야기 글에서는 등장인물의 성격. 사람됨. 마음. 뒤에 이어질 이야기 등이 물음의 대상이 되므로. 인물의 말이나 그려진 행동. 사건의 진행 과정 등을 파악해두고 물음이 요구하는 대로 짐작해 봅니다.

　시에서는 말하는 사람의 목소리 뒤에 숨어있는 느낌이나 생각을 떠올려 봅니다. 또 비유와 상징. 반어와 역설을 사용한 까닭을 생각해봅니다.

● 세부내용 5

글 전체의 모양, 어휘의 뜻, 어법, 글과 관련된 배경 지식 등.

앞에 주어진 글을 당장 이해하기 위해서도 필요하지만, 더 복잡하고 큰 글 읽기의 힘을 키우기 위해 반드시 필요한 지식을 갖추도록 하기 위해서 주어진 문항입니다. 거북하게 여길 필요 없이 주어진 문항을 통해 챙길 수 있는 지식을 머릿속에 있는 지식 창고에 저장하고 넘어가면 됩니다.

설명하는 글, 설득하는 글에서는 낱말의 뜻, 문장들이나 문단들을 이어주는 말의 구실, 고사 성어 등이 물음의 대상이므로, 이와 관련된 지식을 쌓아 둡니다.

이야기 글에서는 때와 장소를 알려주는 말을 주의 깊게 새기면서 담고 있는 뜻을 기억해두도록 합니다. 줄거리와 관련을 맺을 수 있는 역사의 사실도 익혀 둡니다.

시에서는 시 전체의 모양이 지니는 특징, 굳은 비유나 상징에 숨어있는 뜻을 묻습니다. 몇 묶음으로 되어 있는지, 줄의 길이는 어떤지를 눈여겨보고 답을 찾습니다. 늘 쓰이는 비유나 상징의 뜻을 미리 알아둡니다.

● 적용하기 6

글의 내용을 이해하고, 이를 바탕으로 새로운 생각을 떠올려보거나, 다른 일에 응용할 수 있는 능력.

설명하는 글, 설득하는 글에서는 글을 읽어서 알게 된 개념, 문제 해결의 방법 등을 다른 일에 실제로 적용할 수 있는지 측정하고자 하는 문항 유형입니다. '높임말'에 대한 글을 읽고 나서 높임말이 무엇인지, 어떻게 만들어내는지를 알아보고자 하는 문제라면 이 유형에 속합니다.

이야기 글에서는 인물, 사건, 배경 중에서 하나를 선택하여 글에 나타난 대로 새로운 인물의 사건, 배경을 그려 보일 수 있는지 물을 수 있으므로 인물, 사건, 배경을 글에 나타난 대로 잘 정리해두어야 합니다.

시에서는 작품에 나타난 느낌이나 생각을, 읽은 사람이 새로운 구절이나 문장으로 표현할 수 있는지 요구할 수 있습니다. 기본적으로 시에서 말하는 사람의 느낌이나 생각을 정확히 파악하는 힘을 키워나가야 합니다.

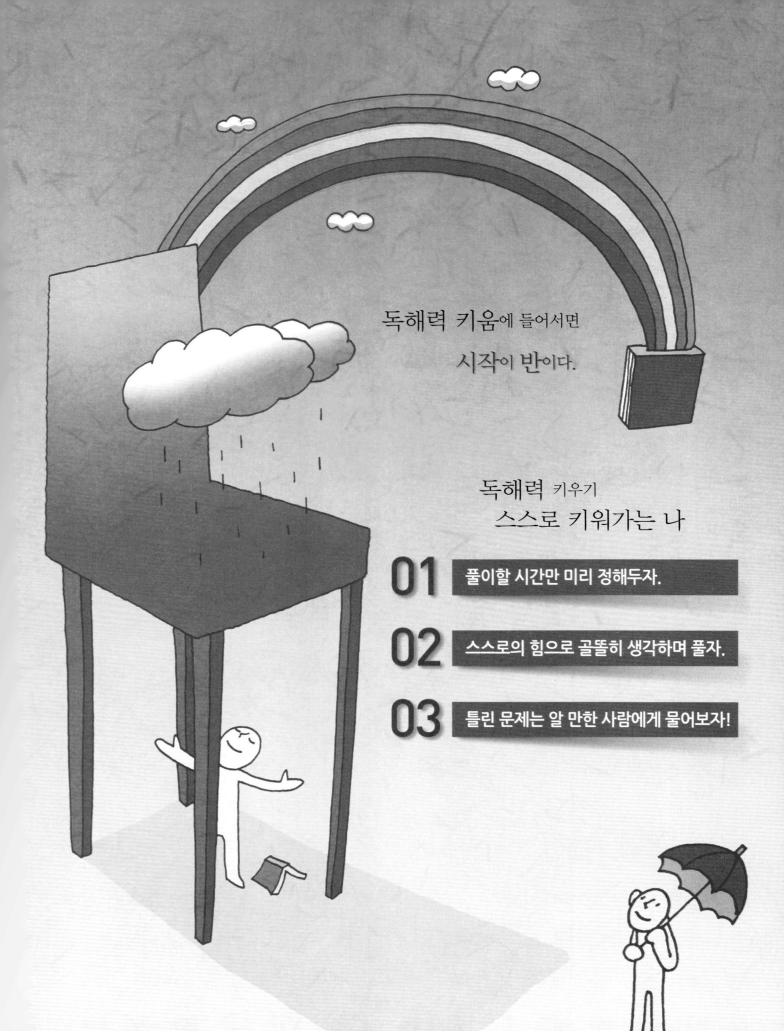

독해력 키움에 들어서면
시작이 반이다.

독해력 키우기
스스로 키워가는 나

01 풀이할 시간만 미리 정해두자.

02 스스로의 힘으로 골똘히 생각하며 풀자.

03 틀린 문제는 알 만한 사람에게 물어보자!

| 평가 요소 | 1. ☐ 20점 | 2. ☐ 20점 | 3. ☐ 20점 | 4. ☐ 20점 | 5. ☐ 20점 |

154쪽 표의 해당하는 번호에 체크하세요.

우리 푸른숲식물원에는 울창한 나무 사이로 오솔길❶이 나 있습니다. 이곳에 오면 전나무, 잣나무, 소나무 향을 맡으며 흙을 밟고 걸으실 수 있습니다.

오솔길이 끝나는 곳에 꽃 정원이 있습니다. ㉠이곳에는 예부터 우리나라의 산과 들에서 자라 온 여러 가지 꽃이 피어 있습니다. 범부채꽃, 구절초꽃, 패랭이꽃 등 주변에서 흔히 볼 수 없는 들꽃❷이 있습니다.

채소밭에는 채소들이 햇빛을 받으며 푸릇푸릇하게 자라고 있습니다. 오이, 상추, 고추, 호박 등의 채소가 자라는 모습과 열매 맺는 모습을 보실 수 있습니다.

푸른숲식물원에서 ㉡아름다운 자연을 느끼시기 바랍니다.

주제찾기 1. 무엇을 위해 쓴 글입니까?

① 장소를 소개하기 위해
② 나의 불만을 터놓기 위해
③ 가고 싶은 곳을 알리기 위해
④ 상대방의 의견을 물어보기 위해
⑤ 책에서 읽은 내용을 정리하기 위해

글감찾기 2. 글감으로 삼기 위해 글에 두 번 나타난 긴말을 찾아서 쓰세요.

Note ❶ 폭이 좁은 호젓한 길.
❷ 들에 피는 꽃, 야생화.

사실이해

3. 글에 나온 풍경을 고르세요.

① 산 중턱으로 난 길
② 나무 향을 맡으며 걷는 길
③ 오솔길이 시작되는 곳의 정원
④ 나비와 벌이 날아다니는 고운 꽃밭
⑤ 비를 맞아 촉촉이 젖은 채소가 자라는 밭

미루어알기

4. ㉠이 가리키는 것은 무엇입니까?

① 푸른숲식물원
② 울창한 나무
③ 꽃 정원
④ 온갖 종류의 들꽃
⑤ 여러 가지의 채소

세부내용

5. ㉡에 속하는 것으로 글에 나타난 것만 모아놓은 것을 고르세요.

① 맛, 소리   ② 냄새, 소리
③ 움직임, 모습   ④ 맛, 움직임
⑤ 향, 모습

	점 수
1~5번 문제의 점수를 더하여 총점을 쓰고 150쪽의 표에 막대그래프로 표시하세요.	

평가 요소	1. ☐	2. ☐	3. ☐	4. ☐	5. ☐
	20점	20점	20점	20점	20점

154쪽 표의 해당하는 번호에 체크하세요.

엄마가 지윤이를 불렀어요.

"지윤아, 내일이 네 동생 생일이야. 그래서 동생이 좋아하는 떡을 많이 했단다."

"엄마, 이 떡은 이름이 뭐예요?"

"이 떡은 부꾸미라고 한단다. 기름을 둘러서 불에 지진 떡이지."

"재미있는 이름이네요. 그럼 이 떡은요?"

"이 떡은 무지개떡이란다. 여러 가지 빛깔을 넣어 만든 떡이야."

"정말 맛있어 보여요. 그런데 엄마, 이 떡은 모양이 떡 같지 않아요."

"그렇지? 이 떡은 모양을 아무렇게나 만들었다고 해서 개떡이라고 한단다."

"그럼, 우리가 태어나서 처음 맞이한 생일에는 어떤 떡을 먹었지요?"

"아기가 태어나 처음 맞이하는 생일을 '돌'이라고 하지. 돌이 되면 사람들을 초대해서 잔치를 열었는데, 이때 돌이나 백일 때 상에 꼭 올라오는 떡이 있어. 바로 백설기❶와 수수경단❷이야. 백설기는 쌀가루에 설탕을 섞어 찐 떡으로, 아기가 건강하게 오래 살기를 바라는 마음이 담겨 있어. 한입에 먹기 좋도록 작고 둥글게 만든 수수경단에는 콩가루나 팥이 묻어 있는데, 이는 나쁜 기운을 물리치려는 뜻이 담겨 있단다."

"떡 이름에는 재미있는 토박이말이 많네요."

주제찾기　**1.** 글에서 설명한 중심 내용을 간추렸어요. 빈칸에 알맞은 낱말을 넣으세요.

☐☐☐☐이 많이 들어간 ☐ 이름

┏Note　❶ 시루떡의 하나. 멥쌀가루를 켜를 얇게 잡아 켜마다 고물 대신 흰 종이를 깔고, 물 또는 설탕물을 내려서 시루에 안쳐 깨끗하게 쪄 낸다.　❷ 찰수수 가루를 찬물에 반죽하여 둥글게 빚어 녹말을 묻히고 삶아서 냉수에 건져 식힌 다음 팥고물을 묻히거나 꿀물에 적신 음식.

제목찾기 **2.** 글의 내용과 잘 어울리는 제목은 어느 것입니까?

① 동생의 생일 ② 재미있는 떡 이름

③ 내가 좋아하는 토박이말 ④ 동생이 좋아하는 떡

⑤ 돌잔치의 상차림

사실이해 **3.** 글에 나타나지 않은 떡 이름을 고르세요.

① 부꾸미 ② 무지개떡 ③ 백설기

④ 인절미 ⑤ 수수경단

미루어알기 **4.** 글을 읽고 새롭게 떠올리게 된 내용은 무엇입니까?

① 나는 떡을 좋아한다.

② 무지개떡은 개떡이다.

③ 처음 맞이한 생일이 백일이다.

④ 백설기에는 아기의 고운 마음이 담겨 있다.

⑤ 떡의 빛깔이 나쁜 기운을 물리칠 수 있다고 믿는다.

세부내용 **5.** 떡을 만드는 방법을 잘 설명한 말은 어느 것입니까?

① 동생이 좋아하는

② 기름을 둘러서 불에 지진

③ 모양을 아무렇게나 만들었다

④ 한입에 먹기 좋도록 작고 둥글게 만든

⑤ 아기가 건강하게 오래 살기를 바라는 마음

	점 수
1~5번 문제의 점수를 더하여 총점을 쓰고 150쪽의 표에 막대그래프로 표시하세요.	

154쪽 표의 해당하는 번호에 체크하세요.

평가요소

1. ☐ 20점　2. ☐ 20점　3. ☐ 20점　4. ☐ 20점　5. ☐ 20점

이번 달 제 짝은 김태원입니다.

태원이는 남자아이이고 마음씨가 참 착합니다. 태원이는 달리기를 잘합니다.

제가 소개하려는 친구는 조현정입니다. 현정이를 소개하려는 까닭은 이번 달 제 짝이 되었기 때문입니다.

현정이는 얼굴이 둥글고 항상 웃습니다. 친구들에게 친절하게 대하여 주고 우리 반에서 노래를 가장 잘합니다.

현정이는 모둠❶활동을 할 때 저를 많이 도와주었습니다. 수업 시간에 항상 열심히 공부하고 선생님께 칭찬을 많이 받는 현정이가 부럽습니다.

제 짝도 소개할게요. 이름이 박대현인데, 아마 큰 뜻이 담겨있는가 봐요. 책 읽는 일이 버릇이래요. 우리가 보기에도 그래요.

책 읽기를 즐겨서 그런지 컴퓨터나 스마트폰 같은 전자 기기❷는 멀리해요. 그래서 눈은 초롱초롱하고 생김새가 늠름해요. 다른 아이들하고도 잘 어울리는 편이에요.

주제찾기　**1.** 여러 번에 걸쳐 거듭 설명한 내용은 무엇입니까?

① 친구의 착한 마음씨
② 자신의 짝이 된 친구
③ 웃으며 친절하게 남을 대하기
④ 모둠 활동을 할 때 도와준 고마움
⑤ 책 읽는 버릇이 만들어낸 친구의 생김새

글감찾기　**2.** 소개하려는 사람을 뜻하는 낱말을 찾아서 쓰세요.

Note　❶ 초·중등학교에서, 학습의 효과를 높이기 위하여 학생들을 작은 규모로 묶은 모임.　❷ 전자들의 운동에 바탕을 두고 만든 소자(장치, 전자 회로 따위의 구성 요소가 되는 낱낱의 부품)와 그것들로 이루어진 기계, 기구.

사실이해

3. 소개의 말을 하게 된 까닭은 무엇입니까?

① 착하므로

② 노래를 잘하므로

③ 짝이 되었기 때문에

④ 열심히 공부하기 때문에

⑤ 생김새가 늠름하기 때문에

미루어알기

4. 글을 읽고 떠올린 생각으로 알맞은 것을 고르세요.

① 남자아이들은 마음씨가 착하다.

② 얼굴이 둥글면 항상 웃는 모습이다.

③ 모둠 활동을 할 때는 맡은 책임을 다한다.

④ 이름을 들으면 그 사람의 마음씨를 알 수 있다.

⑤ 책 읽기를 즐기려면 전자 기기를 멀리하는 편이 좋다.

세부내용

5. 상대를 본받고 싶은 마음을 드러낸 말은 어느 것입니까?

① 착합니다.   ② 잘합니다.

③ 때문입니다.   ④ 부럽습니다.

⑤ 버릇이래요.

점 수

1~5번 문제의 점수를 더하여 총점을 쓰고 150쪽의 표에 막대그래프로 표시하세요.

평가
요소   1. □   2. □   3. □   4. □   5. □
        20점   20점   20점   20점   20점

154쪽 표의 해당하는 번호에 체크하세요.

뒤에 오는 말을 꾸며 주어 그 뜻을 자세하게 해 주는 말을 꾸며주는 말이라고 해요.

(가) 오늘은 비가 내렸다. 나는 장화를 신고 학교에 갔다. 우산을 돌리니 빗방울이 떨어졌다.

(나) 오늘은 비가 주룩주룩 내렸다. 나는 노란 장화를 신고 학교에 갔다. 우산을 돌리니 굵은 빗방울이 후드득 떨어졌다.

(가)와 (나)를 비교하여 보면, '노란', '굵은'이 새로 들어간 (나)가 모양이나 성질을 더욱 자세히 드러내고 있음을 알 수 있지요. 또 '주룩주룩'이나 '후드득'처럼 흉내 내는 말도 그다음에 놓이는 말의 성질이나 모양을 더욱 잘 드러나게 하고 있지요.

꾸며주는 말은 물건이나 경치의 모양, 성질에 대한 느낌을 잘 드러내어 줍니다. '커다란 수박이 있다.'에서 '커다란'은 '수박'의 모양을 자세히 드러내고 있습니다. '튼튼한 거북선이 바다에 나간다.'에서 '튼튼한'은 '거북선'의 성질에 대한 느낌을 자세히 드러내고 있습니다. 이처럼 꾸며주는 말은 내 생각을 정확하게 나타낼 수 있고, 느낌을 실감이 나게 드러낼 수 있습니다.

주제찾기　**1.** 전하고자 한 중심 내용은 무엇입니까?

　　① 어떤 말의 앞에 붙는 말
　　② 어떤 말의 뒤에 놓이는 말
　　③ 앞에 놓이는 말과 뒤따르는 말
　　④ 모양이나 성질을 잘 드러나게 하는 말
　　⑤ 꾸며주는 말에 의해 뜻이 다르게 되는 말

글감찾기 **2.** 글감으로 삼고 있는 말을 글에서 찾아 옮겨 쓰세요.

사실이해 **3.** '꾸며주는 말'이 <u>아닌</u> 것을 고르세요.

① 노란 ② 굵은
③ 우산을 ④ 후드득
⑤ 주룩주룩

미루어알기 **4.** 뜻을 가장 자세하게 드러낸 문장은 어느 것입니까?

① 오늘은 비가 내렸다.
② 마침내 오늘은 비가 내렸다.
③ 오늘은 비가 온종일 내렸다.
④ 마침내 오늘은 기다리던 비가 내렸다.
⑤ 오늘은 마침내 온종일 주룩주룩 비가 내렸다.

세부내용 **5.** '주룩주룩'은 무엇을 흉내 낸 말입니까?

① 맛 ② 소리 ③ 모양
④ 냄새 ⑤ 움직임

	점 수
1~5번 문제의 점수를 더하여 총점을 쓰고 150쪽의 표에 막대그래프로 표시하세요.	

평가요소 1. ☐ 20점 2. ☐ 20점 3. ☐ 20점 4. ☐ 20점 5. ☐ 20점

154쪽 표의 해당하는 번호에 체크하세요.

숲속 나무에 곤충[1] 한 마리가 붙어 있어요. 가까이 다가가 볼까요? 뿔처럼 생긴 멋진 턱이 있는 것을 보니 수컷 사슴벌레예요. 수컷 사슴벌레에 대해 같이 알아보아요.

수컷 사슴벌레의 생김새에서 가장 먼저 눈에 띄는 것은 큰 턱이에요. 수컷 사슴벌레는 큰 턱을 가지고 있어요. 큰 턱 옆에는 더듬이[2]도 있어요.

그리고 수컷 사슴벌레의 등은 단단한 껍데기로 덮여 있어요. 단단한 껍데기 속에는 얇은 속 날개가 있지요.

수컷 사슴벌레는 나뭇진을 먹고 살아요. 배가 고픈 수컷 사슴벌레는 더듬이를 세워서 나뭇진의 냄새를 맡아요. 그리고 속 날개를 이용해 나뭇진이 흐르는 나무로 날아가지요. 수컷 사슴벌레는 나뭇진을 핥아 먹어요. 특히 참나무 진은 수컷 사슴벌레가 아주 좋아하는 먹이랍니다.

수컷 사슴벌레는 다른 수컷 사슴벌레와 자주 힘겨루기를 해요. 자신을 드러내 보이거나 먹이를 차지하기 위해서지요. 나무 위에서 마주 선 수컷 사슴벌레는 큰 턱을 맞대고 상대를 밀어(㉠). 한 수컷 사슴벌레가 큰 턱으로 상대를 꽉 잡고 번쩍 들어 올리면 힘겨루기가 끝이 나요.

이제 수컷 사슴벌레에게 관심이 생겼나요? 그렇다면 멋진 수컷 사슴벌레를 만나러 숲속으로 함께 떠나요.

Note
[1] 몸은 딱딱한 물질로 싸여 있고 많은 마디로 되었으며 머리, 가슴, 배의 세 부분으로 나누어진다. 머리에 한 쌍의 더듬이와 겹눈, 가슴에 두 쌍의 날개와 세 쌍의 다리가 있다.
[2] 곤충의 머리 부분에 있는 감각 기관. 후각, 촉각 따위를 맡아보고 먹이를 찾고 적을 막는 역할을 한다.

주제찾기 **1.** 글의 중심 내용은 어떤 말과 관계가 깊은가요?

① 세상에는 살아 움직이는 것이 참 많아요.

② 숲속에는 풀, 나무, 이름 모를 꽃들이 있어요.

③ 나무에서는 꿀처럼 찐득한 나뭇진이 흘러나와요.

④ 벌레들은 더듬이를 세워서 먹이가 있는 곳을 찾아요.

⑤ 숲속에 사는 수컷 사슴벌레를 찾아서 관찰해보기로 해요.

글감찾기 **2.** 글에 여러 번 나타난 글감을 찾아 쓰세요.

□□ □□□□□

사실이해 **3.** 수컷 사슴벌레의 생김새에서 가장 큰 특징은 무엇입니까?

① 뿔처럼 생긴 큰 턱 ② 한 쌍의 긴 더듬이

③ 단단한 껍데기 ④ 얇은 속 날개

⑤ 세 쌍의 다리

미루어알기 **4.** 수컷 사슴벌레는 언제 큰 턱을 사용하나요?

① 집을 지을 때 ② 먹이를 찾을 때

③ 다른 동물을 피할 때 ④ 적과 힘겨루기를 할 때

⑤ 나무 위로 높이 올라갈 때

세부내용 **5.** ㉠에 알맞은 낱말은 무엇인가요?

① 당겨요 ② 부쳐요 ③ 붙여요

④ 부딪혀요 ⑤ 부딪쳐요

점수

1~5번 문제의 점수를 더하여 총점을 쓰고 150쪽의 표에 막대그래프로 표시하세요.

평가 요소   1. ☐   2. ☐   3. ☐   4. ☐   5. ☐
         20점   20점   20점   20점   20점

154쪽 표의 해당하는 번호에 체크하세요.

집에서 안전하게 생활하기 위해서 해야 할 일을 알아봐요.

창문 밖으로 몸을 내밀지 않도록 해요. 떨어질 수도 있으므로 창문 밑이나 베란다[1] 옆에는 딛고 올라갈 수 있는 물건을 놓지 않고, 안전 창살을 해 놓도록 합니다.

가구 모서리에 부딪히지 않도록 조심해요. 부딪쳤을 때 다칠 수 있는 뾰족하고 날카로운 가구 모서리에는 보호대를 해 놓습니다.

콘센트[2]에 물건을 집어넣으면 안 돼요. 전기 콘센트에 손가락이나 뾰족한 것을 집어넣으면 전기가 통할 수 있으므로 보호 뚜껑을 끼워 놓습니다.

위험한 물건이 들어 있는 서랍을 함부로 열지 않도록 해요. 가위나 칼 등이 들어 있는 서랍을 어린이가 열면 다칠 수 있어요. 위험한 물건이 들어있는 서랍은 잠금장치를 해 놓습니다.

바닥에 미끄러지지 않도록 조심해요. 미끄러질 수 있으므로 바닥에 물기가 없도록 하고, 걸려 넘어질 수 있는 물건이나 전선 등은 항상 정리를 잘해 둡니다.

뜨거운 기운에 데지 않도록 주의합니다. 밥솥에서 나오는 뜨거운 김이나 뜨거운 다리미 등에 델 수 있으므로 어린이 손에 뜨거운 것이 닿지 않도록 합니다.

약을 함부로 만지거나 먹으면 안 돼요. 약, 독한 세제, 농약 등을 어린이가 만지거나 먹을 수 있으므로 어린이 손이 닿지 않는 곳에 두어야겠습니다.

주제찾기   **1. 무엇을 중심 내용으로 삼았습니까?**

① 집에서 안전하게 생활하기   ② 창밖을 내다볼 때 주의하기
③ 집안의 가구를 다루는 방법   ④ 전기 기구를 다룰 때 주의할 점
⑤ 위험한 물건이 들어있는 서랍 옮기기

ᴺote   [1] 집채에서 툇마루처럼 튀어나오게 하여 벽 없이 지붕을 씌운 부분. 보통 가는 기둥으로 받친다. '쪽마루'로 순화.
[2] 전기 배선과 집안으로 들어오는 전기의 연결에 쓰는 기구.

제목찾기

2. 글에 나온 낱말을 써서 알맞은 제목을 붙이세요.

> □□한 우리 집

사실이해

3. 글에서 가장 먼저 말한 안전장치는 어느 것입니까?

① 안전 창살
② 보호대
③ 콘센트
④ 잠금장치
⑤ 다리미

미루어알기

4. 누가 읽어야 하는 글입니까?

① 어린이
② 부모들
③ 어린이와 부모들
④ 외국인
⑤ 노인

세부내용

5. 전기에 의해 위험에 빠지는 것을 막아주는 것은 무엇입니까?

① 창문
② 모서리
③ 보호 뚜껑
④ 전선
⑤ 밥솥

점 수

1~5번 문제의 점수를 더하여 총점을 쓰고 150쪽의 표에 막대그래프로 표시하세요.

평가
요소

1. ☐
20점

2. ☐
20점

3. ☐
20점

4. ☐
20점

5. ☐
20점

154쪽 표의 해당하는 번호에 체크하세요.

　동물 중에는 혼자 생활하는 동물도 있고, 사람이 함께 모여 살듯이 여러 마리가 무리를 이루고 사는 동물도 있어요. 무리 생활을 하는 동물은 필요할 때만 무리를 짓는 동물과 평생을 무리 지어 생활하는 동물로 나뉘어요.

　시베리아[1]의 넓은 들판에 사는 시베리아호랑이와 북아메리카에 사는 큰곰은 혼자 생활하는 대표적인 동물이에요. 대개 호랑이와 곰은 넓은 지역을 돌아다니며 혼자 사냥하는 습성을 지니고 있어요. 혼자 사는 동물은 넓은 지역을 혼자 차지하고 동료들과 치열한 경쟁을 하지 않고 사냥한 먹이를 독차지할 수 있다는 좋은 점이 있어요. 하지만 혼자 사냥을 하므로 사냥에 실패하면 쫄쫄 굶고 지내야 해요.

　항상 무리 지어 생활하는 동물이 있어요. 꿀벌과 개미 같은 곤충류가 가장 대표적이지요. 이들을 ㉠'사회성 곤충'이라고 해요. 이 곤충은 무리 안에서 끊임없이 서로의 뜻을 주고받고 정해진 계급에 따라 각각의 역할이 뚜렷하게 나누어지는 특징이 있지요. 꿀벌의 경우, 여왕벌은 알을 낳고 일벌은 먹이를 모으고 무리를 지켜요. 그리고 수벌은 여왕벌과 짝짓기를 해서 번식을 담당한답니다.

　필요할 때만 무리를 이루어 생활하는 동물도 있어요. 갈매기, 바다오리, 백로 같은 조류는 번식기[2]가 되면 그때만 무리 생활을 해요. 무리를 지어 생활하면 짝을 쉽게 찾을 수 있고 잡아먹으려는 동물의 공격을 함께 막아낼 수 있기 때문이에요. 이들은 번식기가 끝나면 뿔뿔이 흩어지지요.

주제찾기　**1.** 글의 중심 내용을 간추렸습니다. 빈칸에 알맞은 낱말을 넣으세요.

☐☐들이 살아가는 ☐☐

「Note　[1] 러시아의 우랄 산맥에서 태평양 바닷가에 이르는 북아시아의 넓은 지역.
　　　　[2] 동물이 새끼를 치는 시기.

제목찾기 **2.** 글 제목을 아래와 같이 붙였습니다. 빈칸에 들어갈 낱말은 무엇입니까?

> 혼자 살아요, □□ 살아요?

① 둘이   ② 함께   ③ 모두   ④ 없이   ⑤ 따로

사실이해 **3.** 혼자 사는 동물은 어느 것입니까?

① 큰곰   ② 백로   ③ 꿀벌
④ 갈매기   ⑤ 바다오리

미루어알기 **4.** 다음 글을 읽고 할 수 있는 알맞은 말은 무엇입니까?

> 기러기, 청둥오리 등은 추운 겨울이 오기 전에 따뜻한 지역으로 떠나야 해요. 이때 경험이 풍부한 새들의 도움을 받을 수 있으므로 무리를 지어 이동하지요.

① 겨울에는 남쪽 지방이 따뜻해요.
② 추운 겨울은 새들을 무리 짓게 해요.
③ 겨울철이 되면 새들의 경험이 풍부해져요.
④ 특별한 계절에만 대규모로 무리를 짓는 동물도 있어요.
⑤ 오랜 동안 이동하기 위해서 망을 보는 보초병을 세워야 해요.

세부내용 **5.** ㉠에 나온 '사회성'의 뜻으로 알맞은 것을 고르세요.

① 지식을 주고받는 성질   ② 떼 지어 공격하는 특성
③ 무리 지어 생활하는 특성   ④ 서로의 뜻을 주고받는 성질
⑤ 짝을 지어야 살 수 있는 특성

	점 수
1~5번 문제의 점수를 더하여 총점을 쓰고 150쪽의 표에 막대그래프로 표시하세요.	

별은 밤에만 볼 수 있을까요? 그렇지 않아요. 낮에 보이는 별도 있지요. 바로 태양(해)이랍니다. 태양은 지구에서 아주 가까운 별이에요.

태양을 중심으로 하여 많은 별이 모여 태양계❶라는 아주 큰 우주를 이루어요. 지구를 비롯하여 많은 별에 에너지를 주며 태양은, 태양계 전체에 아주 큰 영향을 미쳐요. 하지만, 우주의 저 너머에 있는 또 다른 수많은 별과 비교해 보면 태양은 크기로 보나 온도로 보나 그다지 특별한 별은 아니에요.

태양은 대부분이 수소❷라는 아주 작은 물질로 이루어져 있어요. 그 수소가 서로 결합하여 다른 물질을 만들어내는 반응을 일으키면서 에너지를 만들어 내어요. 이때 만들어지는 에너지는 이루 말할 수 없이 크답니다. 그런데도 이 에너지가 태양을 완전히 빠져나오는 데는 짧게는 수만 년에서 길게는 수천만 년이 걸려요. 태양 안쪽의 물질은 밀도가 매우 높아서 에너지가 밖으로 뚫고 나오기 힘들기 때문이지요. 태양에서 만들어진 에너지는 빛으로 바뀌어 지구를 비롯한 여러 별에 전해진답니다. 특히 지구에는 생명체가 살기에 적당한 햇빛이 도착하지요.

주제찾기 **1.** 글의 전체 내용을 가장 잘 간추려 놓은 것을 고르세요.

① 빛을 내는 별
② 밤에 빛나는 별
③ 낮에도 빛을 내는 별
④ 태양 이외에 빛을 내는 다른 별
⑤ 태양의 규모와 다른 별에 미치는 영향

⌐Note   ❶ 태양과 그것을 중심으로 그 주위를 도는 별들의 집합. 태양, 8개의 행성, 50개 이상의 위성, 화성과 목성 사이에 흩어져 있는 소행성, 태양 주위를 지나는 혜성, 긴 빛줄기를 만드는 유성 따위로 이루어져 있다.
         ❷ 모든 물질 가운데 가장 가벼운 기체 원소. 빛깔과 냄새와 맛이 없고 불에 타기 쉽다.

글감찾기 **2.** 글감이 무엇인지 글에서 찾아 한 개의 낱말로 쓰세요.

사실이해 **3.** 글의 내용과 <u>어긋나는</u> 것은 무엇입니까?

① 낮에도 별을 볼 수 있다.

② 태양은 태양계의 중심이다.

③ 우주에는 수많은 별이 있다.

④ 태양은 거의 수소로 이루어져 있다.

⑤ 태양 에너지는 하루 만에 지구에 도달한다.

미루어알기 **4.** 글을 읽고 알 수 있는 것은 무엇입니까?

① 별은 밤에는 빛나지 않는다.

② 태양은 지구의 주위를 돈다.

③ 별 중에서 태양이 온도가 가장 높다.

④ 태양 에너지가 지구 생명체를 살린다.

⑤ 밀도가 높은 물질일수록 쉽게 깨어진다.

세부내용 **5.** 우리가 태양으로부터 받는 에너지를 일컫는 이름은 무엇입니까?

① 영향

② 햇빛

③ 수소

④ 밀도

⑤ 온도

	점 수
1~5번 문제의 점수를 더하여 총점을 쓰고 150쪽의 표에 막대그래프로 표시하세요.	

평가요소	1. ☐ 20점	2. ☐ 20점	3. ☐ 20점	4. ☐ 20점	5. ☐ 20점

154쪽 표의 해당하는 번호에 체크하세요.

"난 몸에 가지가 있어. 때로는 꽃처럼 보이기도 해."

산호는 바위에 단단히 붙어서 자라는 식물처럼 보여요.

산호 가까이 다가갔더니 꽃잎이 팔랑거리며 움직여요.

누가 건드리지도 않았는데 말이에요.

"난 근육을 내 맘대로 움직이고 배가 고프면 다른 동물을 잡아먹어."

산호는 식물처럼 보이지만 사실은 동물이에요.

동물인 산호를 좀 더 자세히 살펴볼까요?

"내 몸속은 텅 비어 있고, 입은 몸 위쪽에 있어. 입 주위에는 촉수❶가 여러 개 달려 있고 말이야."

산호는 여럿이 모여 사는데, 몸의 아랫부분은 서로 붙어 있어요.

"난 나뭇가지 모양 산호야. 가지를 뻗듯이 쑥쑥 자라지."

접시 모양, 버섯 모양, 뇌 모양으로 자라는 산호도 있어요.

수백만 개의 폴립❷으로 이루어진 산호는 아주 오랫동안 여러 모양을 이루며 커다랗게 자라요.

주제찾기 **1.** 가장 강조해서 전하는 내용은 무엇입니까?

① 크기 ② 길이 ③ 모양

④ 높이 ⑤ 깊이

글감찾기 **2.** 글에서 다룬 동물의 이름을 쓰세요.

Note ❶ 하등 무척추동물의 몸 앞부분이나 입 주위에 있는 돌기 모양의 기관.
❷ 산호 같은 동물이 자라면서 한 시기에 나타나는 몸의 모양. 원통 모양이며 위쪽 끝에 입이 있고 그 주위에 몇 개의 촉수가 있다. 몸의 아래에는 끈끈한 발이 있어서 바위 따위에 붙어 생활한다.

사실이해 **3.** 글에 나온 내용은 어느 것입니까?

① 산호는 꽃이다.
② 산호는 동물이다.
③ 산호는 식물이다.
④ 산호는 바다에 산다.
⑤ 산호는 공처럼 뭉쳐있다.

미루어알기 **4.** 글을 읽고 상상해 낸 내용으로 알맞은 것을 고르세요.

① 산호는 가지를 쳐서 번식한다.
② 산호를 건드리면 꽃잎처럼 된다.
③ 산호는 근육과 뼈를 가지고 있다.
④ 산호는 몸 위쪽으로 먹이를 먹는다.
⑤ 산호가 오래 살면 몸이 서로 떨어진다.

세부내용 **5.** 글에서 다루지 <u>않은</u> 산호의 모양은 어느 것입니까?

① 가지
② 접시
③ 버섯
④ 뇌
⑤ 손

점 수

1~5번 문제의 점수를 더하여 총점을 쓰고 150쪽의 표에 막대그래프로 표시하세요.

민속박물관**➊**에서 옛날 집 안의 모습을 보았습니다. 옛날에도 텔레비전, 라디오, 전화기가 있었습니다. 그런데 신기하게도 모양이나 사용 방법이 요즘에 우리가 보는 물건과 아주 달랐습니다. 옛날 집 안에 있는 물건을 ⊙같이 살펴볼까요?

옛날 텔레비전은 우리가 보는 요즘 텔레비전과 아주 다릅니다. 옛날 텔레비전은 네모 상자 모양이고 화면이 작습니다. 화면은 평평하지 않고 가운데 부분이 볼록하게 튀어나와 있습니다. 그리고 다른 방송을 보려면 손으로 돌리는 동그란 모양의 장치를 이용합니다.

옛날 라디오는 할머니께서 자주 들으시는 요즘 라디오와 아주 다릅니다. 박물관에 있는 옛날 라디오는 텔레비전보다 작은 네모 상자 모양입니다. 동그란 장치가 있는 곳에는 투명한**➋** 자처럼 생긴 것이 있고 그 안에 움직일 수 있는 빨간 선이 있습니다. 동그란 장치를 돌리면 빨간 선이 움직여서 방송을 들을 수 있습니다.

옛날 전화기는 요즘 전화기와 아주 다릅니다. 박물관에서 본 옛날 전화기는 요즘 전화기와 모양이나 크기뿐만 아니라 사용 방법이 달라서 신기합니다. 박물관에서 본 옛날 전화기는 위쪽이 좁은 과자 상자 모양이고 까만색입니다. 그리고 전화기 가운데에는 손으로 돌릴 수 있는 동그란 장치가 있습니다. 동그란 장치는 전화를 걸 때 사용합니다.

Note ➊ 보통 사람들이 살아가는 방식, 풍속, 습관과 관련된 자료들을 모아 전시한 박물관.
➋ 속까지 환히 비치도록 맑은.

주제찾기 **1.** 글의 중심 내용으로 알맞은 것을 고르세요.

① 민속박물관에는 물건이 많다.
② 옛날에도 집안의 장식물이 있었다.
③ 민속박물관은 옛 물건을 전시하는 곳이다.
④ 옛날 집 안에 있는 물건은 오늘날과 달랐다.
⑤ 민속박물관에서는 모양이 신기한 물건을 볼 수 있다.

글감찾기 **2.** 글쓴이가 글을 쓰기 위해 다녀온 곳을 글에서 찾아 쓰세요.

사실이해 **3.** 텔레비전과 라디오는 무엇을 보거나 듣는 데 필요한 물건인가요?

① 방송 　　② 그림 　　③ 풍경
④ 조각 　　⑤ 건물

미루어알기 **4.** 민속박물관에서 본 텔레비전, 라디오, 전화기가 모두 가지고 있는 것은 무엇입니까?

① 화면 　　② 빨간 선 　　③ 투명한 자
④ 네모 상자 　　⑤ 동그란 장치

세부내용 **5.** ㉠과 바꾸어 쓰기에 알맞은 낱말은 어느 것입니까?

① 다시 　　② 모두 　　③ 함께
④ 벌써 　　⑤ 무척

점 수

1~5번 문제의 점수를 더하여 총점을 쓰고 150쪽의 표에 막대그래프로 표시하세요.

| 평가요소 | 1. ☐ 20점 | 2. ☐ 20점 | 3. ☐ 20점 | 4. ☐ 20점 | 5. ☐ 20점 |

154쪽 표의 해당하는 번호에 체크하세요.

옛날에 사람들이 고래를 발견하면, "저기, 고래가 물을 뿜는다!" 하고 소리쳤어. 하지만 사람들은 고래가 왜 물을 뿜는지 알지 못하였단다.

그렇다면 고래는 왜 물을 뿜을까? 고래의 숨구멍은 머리 꼭대기에 있어. 그래서 고래는 물속에서 숨을 쉴 수 없으므로 숨을 쉬려면 물 위로 올라와야 해. 오랫동안 잠수한 고래가 참고 있던 숨을 한꺼번에 숨구멍으로 뿜어낼 때, 고래의 따뜻한 숨과 차가운 공기가 서로 닿아 뭉치면서 흰 물보라**1**처럼 보여. 마치 고래가 물을 뿜는 것처럼 보이지.

고래는 종류마다 독특하게 물을 뿜어. 그래서 물을 뿜는 모양만 보아도 어떤 고래인지 알 수 있지. 물을 가장 높이 내뿜는 고래는 대왕고래야. 그래서 멀리서도 대왕고래의 물보라는 쉽게 알아볼 수 있어. 향고래는 비스듬히 물을 뿜는단다. 숨구멍이 왼쪽으로 치우쳐 있기 때문이야. 그리고 참고래는 다른 고래들과 달리 물줄기가 두 줄기로 뻗어 올라간단다. 그래서 마치 (㉠)처럼 보여.

정말 고래는 종류에 따라 특이하게 물을 뿜지? 고래가 이렇게 내뿜는 물보라는 말갛게 보이지만 사실은 진득진득하다고 해.

주제찾기 **1.** 글의 중심 내용을 다음과 같이 간추렸습니다. 빈칸에 알맞은 낱말을 넣으세요.

> 고래가 물을 뿜는 ☐☐과(와) 고래의 ☐☐에 따라 달라지는 물 뿜기의 모양

「Note **1** 물결이 바위 따위에 부딪쳐 사방으로 흩어지는 잔물방울.

제목찾기 **2.** 글의 제목을 고르세요.

① 고래가 꿈을 꾸어요. ② 고래가 물을 뿜어요.

③ 고래가 물 위로 솟아요. ④ 고래가 힘차게 헤엄쳐요.

⑤ 고래의 몸집은 놀랍게 커요.

사실이해 **3.** 글에 나온 고래 중, 물을 가장 높이 뿜는 고래의 이름은 무엇입니까?

① 돌고래 ② 향고래

③ 범고래 ④ 참고래

⑤ 대왕고래

미루어알기 **4.** 글을 읽고 얻은 새로운 깨달음은 어느 것입니까?

① 바다에서 고래를 발견할 수 있다.

② 고래는 아가미로 숨을 쉬지 않는다.

③ 고래는 오랫동안 숨을 참지 못한다.

④ 바닷속의 깊은 곳에서 고래가 숨을 쉰다.

⑤ 바다의 깊이에 따라 숨 쉬는 고래의 종류가 다르다.

세부내용 **5.** ㉠에 알맞은 낱말은 무엇입니까?

① 분수 ② 폭포

③ 냇물 ④ 호수

⑤ 홍수

	점 수
1~5번 문제의 점수를 더하여 총점을 쓰고 150쪽의 표에 막대그래프로 표시하세요.	

평가
요소
1. ☐ 20점 2. ☐ 20점 3. ☐ 20점 4. ☐ 20점 5. ☐ 20점

154쪽 표의 해당하는 번호에 체크하세요.

각 지방의 생활과 풍속이 잘 나타나 있는 놀이로, 지금 사는 사람들에게 전하여 내려오는 놀이를 '민속놀이'라고 해요.

민속놀이는 신분이 높은 사람들보다는 보통 사람들을 중심으로 놀아서 여러 사람이 함께 즐기는 특징이 있으며, 삶을 즐기는 태도와 풍부한 정서를 담고 있어요. 민속놀이는, 예부터 사람 대부분이 농사를 지었던 우리나라에서는 농사지으면서 때의 변화에 맞추어 해야 할 일을 곁들인 풍속으로 이루어지는 것이 많았어요. 민속놀이는 가무놀이·경기놀이·겨루기놀이·아동놀이로 구분되어요. 가무놀이는 노래와 춤이 결합한 놀이이고, 경기놀이는 여러 사람이 경기를 하여 순위를 다투는 놀이입니다. 겨루기 놀이는 두 사람이 힘을 겨루어 승패를 가르는 놀이이고, 아동놀이는 어린이들이 즐기는 놀이입니다.

〈민속놀이의 종류〉

- 가무놀이: 농악놀이·탈놀이·옹헤야·쾌지나칭칭나네·강강술래·놋다리놀이·화전놀이·마당놀이·봉죽놀이·길쌈놀이·다리밟기·꼭두각시놀음·등놀이·불꽃놀이 등
- 경기놀이: 그네뛰기·널뛰기·씨름·활쏘기·줄다리기·돌팔매놀이·쥐불놀이·횃불싸움·차전놀이·제기차기·공차기·격구·소싸움놀이 등
- 겨루기놀이: 윷놀이·장기·바둑·고누·칠교놀이·산가지놀이 등
- 아동놀이: 수박치기·풀싸움·꽃싸움·실뜨기·공기놀이·줄넘기·대말타기·자치기·숨바꼭질·바람개비놀이·썰매타기·팽이치기·연 띄우기 등

주제찾기 **1.** 글에서 다룬 중심 내용을 가장 잘 드러낸 것을 고르세요.

① 각 지방의 말을 모두 담고 있는 모임
② 지금 사람들에게 전하여 내려오는 이야기
③ 사람들의 기쁨과 슬픔을 두루 담고 있는 노래
④ 보통사람들의 생활과 풍속이 잘 나타나 있는 놀이
⑤ 신분이 높은 사람들도 함께 즐길 수 있게 꾸며진 무대

글감찾기 2. 초점을 맞추어 설명한 것이 무엇인지 글에 나온 한 낱말로 답하세요.

사실이해 3. 오늘날도 즐기고 있는 '아동놀이'는 어느 것입니까?

① 바둑 ② 윷놀이
③ 옹헤야 ④ 그네뛰기
⑤ 숨바꼭질

미루어알기 4. 글을 읽고 알 수 있는 것은 무엇입니까?

① 민속놀이는 저절로 생겼다.
② 사람들은 신분에 따라 모인다.
③ 민속놀이는 농사일과 관계가 있다.
④ 삶의 태도에 맞추어 풍속이 발전했다.
⑤ 사람의 수에 따라 놀이의 종류가 나누어진다.

세부내용 5. 다음 글에서 설명하고 있는 놀이의 이름은 무엇입니까?

> 정월 대보름의 민속놀이. 이날 마을의 시내나 강을 가로질러 놓여 있는 다리를 밟으면 일 년 동안 다릿병을 앓지 않고, 열두 다리를 건너면 일 년 열두 달 동안의 나쁜 일을 모두 면한다고 한다.

① 화전놀이 ② 다리밟기
③ 줄다리기 ④ 칠교놀이
⑤ 공기놀이

	점 수
1~5번 문제의 점수를 더하여 총점을 쓰고 150쪽의 표에 막대그래프로 표시하세요.	

평가
요소

1. ☐
20점

2. ☐
15점

3. ☐
15점

4. ☐
20점

5. ☐
15점

6. ☐
15점

154쪽 표의 해당하는 번호에 체크하세요.

생각이나 뜻을 제대로 전달하기 위해서는 '무엇이 어떠하다.', '무엇이 어떠해야 한다.'라는 식으로 말을 만들어야 하는데 이런 식의 말을 '문장❶'이라 합니다. 문장은 여러 개의 낱말로 이루어지고, 낱말들은 바르고 정확하게 사용하여야 합니다. 낱말을 바르고 정확하게 사용해야 글을 읽을 때 문장의 뜻을 정확하게 알 수 있습니다. 또 글을 쓸 때도 전하고자 하는 내용을 분명하게 전달할 수 있습니다. 어떻게 해야 바르고 정확하게 낱말을 사용할 수 있을까요?

소리는 같지만, 글자와 뜻이 다른 낱말을 구분하여 사용하여야 합니다. '다치다'와 '닫히다'는 소리는 같지만, 글자의 모양과 뜻이 다르답니다. 몸의 어느 부분이 맞거나 ㉠부딪쳐 상처가 난 것을 '다치다'라고 하고, 열린 문, 뚜껑, 서랍들을 제자리로 가게 해 막히는 것을 '닫히다'라고 해요. '바람에 문이 세게 다치고', '돌부리에 걸려 발을 닫히고'는 둘 다 잘못된 구절❷이 되겠지요.

소리가 다르고 뜻도 달라서 마땅히 구분해서 쓸 수 있을 것 같은데, 사람들이 습관적으로 잘못 쓰는 낱말도 있답니다. '다르다'와 '틀리다'는 소리가 다르고 뜻도 달라서 구분해서 써야 할 낱말들입니다. '다르다'는 '둘이 서로 차이가 난다.'라는 뜻이고, '틀리다'는 '정답이 아니다, 잘못되다, 틀어지다'라는 뜻입니다. '태어난 곳이 달라 기질이 틀린 사람', '정답에서 벗어나 다른 답을 쓴 사람'이라는 구절은 잘못된 표현입니다.

주제찾기

1. 무엇을 위해 쓴 글입니까?

① 상대가 알아듣도록 말하기　　② 뜻을 알아보고 바르게 쓰기
③ 생각이나 뜻을 제대로 전달하기　④ 낱말을 바르고 정확하게 사용하기
⑤ 낱말의 잊어버린 뜻을 기억해내기

Note

❶ 주어와 서술어를 갖추고 있는 것이 원칙이나 때로 이런 것이 생략될 수도 있다. 글의 경우, 문장의 끝에 '., ?, !' 따위의 마침표를 찍는다. '철수는 몇 살이니?', '세 살.', '정말?' 따위이다.

❷ 구와 절. '구'는 둘 이상의 단어가 모여 절이나 문장의 일부분을 이루는 토막. '절'은 주어와 서술어를 갖추었으나 홀로 쓰이지 못하고 문장의 한 부분으로 쓰이는 단위.

글감찾기 **2.** 글감을 글에서 찾아 한 개의 낱말로 쓰세요.

사실이해 **3.** 생각이나 뜻을 제대로 전달하는 말의 단위를 일컫는 것은 무엇입니까?

① 소리   ② 낱말   ③ 구절   ④ 마디   ⑤ 문장

미루어알기 **4.** '다치다'와 '닫히다'와 같은 까닭으로 구분하여 사용하여야 하는 낱말의 짝은 어느 것입니까?

① 가다-오다   ② 날다-날리다   ③ 마치다-맞히다

④ 세우다-세워지다   ⑤ 가르치다-가리키다

세부내용 **5.** ㉠을 바르게 고쳐 놓은 것을 고르세요.

① 부딪혀   ② 부딪처   ③ 부디쳐   ④ 부딛혀   ⑤ 부딛쳐

적용하기 **6.** 다음 설명에 해당하는 예는 어느 것입니까?

> 소리가 다르고 뜻도 달라서 마땅히 구분해서 쓸 수 있을 것 같은데, 사람들이 습관적으로 잘못 쓰는 낱말도 있답니다.

① 외국인은 생각이 틀려 싫다.
② 다른 사람의 의견을 존중해야 한다.
③ 준비 없이는 틀린 답을 쓰기 아주 십상이다.
④ 생김새가 다르다고 해서 생각마저 다른 것은 아니다.
⑤ 남과 달리 깊이 생각해보았지만 결국 틀린 답을 쓰고 말았다.

점 수

1~5번 문제의 점수를 더하여 총점을 쓰고 150쪽의 표에 막대그래프로 표시하세요.

평가요소	1. ☐ 20점	2. ☐ 20점	3. ☐ 15점	4. ☐ 15점	5. ☐ 15점	6. ☐ 15점

154쪽 표의 해당하는 번호에 체크하세요.

말놀이는 말 그대로 말을 재미있게 꾸며서 하는 놀이이에요. 말을 배우는 어린아이를 위해 부모는 신체적 접촉을 통해, 그리고 흉내 내기를 통해 말놀이를 해요. 예를 들면 어린아이가 보는 앞에서 '코코코'하면서 손가락으로 코를 가리키다 '입'이라고 하면서 입을 가리켜요. 아이는 이를 따라 해요. 한 단계 더 나아가면 '코코코'하다 '입'이라고 하면서 손가락을 귀를 가리켜 보아요. 아이는 그대로 따라하게 되고, 이내 잘못되었음을 알아차리고 웃게 되어요.

끝말잇기는 일명 말꼬리 따기라고도 하는데, 앞에서 말한 끝말을 뒤에 이어서 해요. 가락을 붙여 노래로 부르기도 해요. 어린 아이들이 "원숭이 엉덩이는 빨강 / 빨강은 사과 / 사과는 맛있다 / 맛있는 건 바나나 / 바나나는 길다[이하 생략]"와 같이 끝말잇기를 노래로 하는 모습을 볼 수 있어요. (㉠) 혼자서 끝말을 이어가는 방식이 있는가 하면 여러 사람이 차례를 정해 한 단어씩 끝말을 이어가는 놀이도 있어요.

숫자놀이는 1, 2, 3, 4 … 10까지 순서대로 말하면서 첫 글자를 숫자에 맞춰 말을 꾸며가면서 노는 놀이로 오늘날 삼행시와 같은 방식의 놀이라고 할 수 있답니다. 스무고개는 문제를 내는 사람이 마음속에 정답을 정해놓고 문제를 맞힐 사람이 질문하면 '네, 아니요'로 대답하여 주고, 질문이 20개를 넘기기 전에 답을 맞혀야 해요.

말놀이 중에는 수수께끼 방식의 놀이도 많이 했어요.

"묵은 묵이라도 못 먹는 묵은 뭐고?

굴묵['불 때는 아궁이'의 사투리], 바진 바지라도 못 입는 바진 뭐고?

대바지[작은 물 긷는 용기]"와 같이 이어가요. 소리가 같지만 뜻이 다른 낱말들을 활용하는 방식의 말놀이도 있어요. 예로 "나 미치기 일보 직전이야"

"그럼 너 '파' 쳐"를 보면, '미치다'를 피아노 '미'를 치는 것으로 해석하고, 대답을 '파'를 치라고 하는 식이에요.

주제찾기 **1.** 글에서 설명한 중심 내용은 무엇입니까?

　① 우리말의 재미있는 뜻
　② 둘이서 하는 재미있는 놀이
　③ 가족끼리 즐기는 재미있는 놀이
　④ 새기기에 따라 달라지는 우리말의 뜻
　⑤ 말을 재미있게 꾸미고 뜻을 새기며 하는 놀이

글감찾기 **2.** 글감으로 되어 있는 한 낱말을 글에서 찾아서 쓰세요.

사실이해 **3.** 글에 나타나지 <u>않은</u> 말놀이는 무엇입니까?

　① 흉내 내기　　　　② 끝말잇기　　　　③ 숫자놀이
　④ 스무고개　　　　⑤ 글자 카드 찾기

미루어알기 **4.** 끝말잇기 할 때, 다음 말로 이어가기가 가장 <u>어려운</u> 소리는 무엇입니까?

　① 가　　　　② 노　　　　③ 두　　　　④ 르　　　　⑤ 미

세부내용 **5.** ㉠에 들어갈 말로 알맞은 것은 무엇입니까?

　① 그리고　　　　② 이처럼　　　　③ 그런데
　④ 더욱이　　　　⑤ 그러나

적용하기 **6.** 숫자 놀이를 했을 때 다음 물음에 답하는 말로 알맞은 것은 무엇입니까?

다섯은 뭐니?

　① 숟가락 하나　　② 젓가락 둘　　③ 세발자전거 셋
　④ 책상다리 넷　　⑤ 발가락 다섯

점 수

1~6번 문제의 점수를 더하여 총점을 쓰고 150쪽의 표에 막대그래프로 표시하세요.

| 평가요소 | 1. ☐ 20점 | 2. ☐ 15점 | 3. ☐ 15점 | 4. ☐ 20점 | 5. ☐ 15점 | 6. ☐ 15점 |

154쪽 표의 해당하는 번호에 체크하세요.

편지는 서두(첫머리), 본문(사연), 결미(끝맺음)로 이루어져 있어요.

- 서두(첫머리)에는 호칭, 첫 인사, 계절 인사, 자기 안부, 상대 안부 등을 적어요.

- 본문에는 본격적인 사연을 쓰는데, 편지를 쓰게 된 주요 목적과 용건을 자연스럽고 솔직하게 쓰면 되어요.

- 결미(끝맺음)에는 끝인사와 날짜, 서명 등을 써요.

별이에게 ◀ 호칭
별이야, 잘 지냈어? ◀ 첫인사
요즘 너무 덥다. ◀ 계절인사
건강하게 생활하고 있는 거지? ◀ 상대 안부
난 잘 지내고 있어. ◀ 자기 안부

사실 이번 방학에 너희 집에 놀러 갈까 했는데, 네 생각은 어때? 네가 전학 가서 얼굴 보기도 너무 힘들고, 우리 부모님께서도 너희 부모님이 보고 싶으시다고 하셔, 나보고 대표로 편지를 쓰라고 하셨어. 부모님께 여쭈어 보고 꼭 답장 줘야 해. ◀ 본문

만나는 그날까지 잘 있어. ◀ 끝인사

날짜 ▶ 2018년 8월 15일
서명 ▶ 기쁨이가

편지는 상대와 이야기를 하는 것과 똑같아요. 단지 말이 아닌 글로 한다는 점만 다를 뿐이에요. 그러므로 예의와 격식[1]을 갖추어서 써야 해요. 그리고 대화하듯이 자연스럽게 쓰는 게 좋아요. 위에서 말한 것처럼 단지 이야기하는 것을 글로 표현한 것이기 때문에 상대가 편안하고 자연스럽게 느낄 수 있도록 써야 해요. 또 쉽고 간결하게 써야 해요.

한 번 한 말은 다시 정리하거나 고칠 수 없지만, ㉠편지는 미리 정리할 수 있다는 장점이 있어요. 그 장점을 이용해서 최대한 깔끔하게 써서 상대방이 쉽게 볼 수 있도록 해야 해요. 말하고자 하는 것이 분명하게 드러나도록 써야 해요. 특히 ㉡해결해야 할 일이 있어서 편지를 쓰는 경우에는 전달하려는 바를 분명하게 해야 해요. 상대방이 확실하게 편지의 내용을 알 수 있도록 써야 하니까요.

「Note　**1** 주위 환경이나 형편에 자연스럽게 어울리는 분수나 품위.

주제찾기 **1.** 어떤 물음에 답한 글입니까?

① 편지는 누가 쓰나요?　　　　　② 편지는 어떻게 쓰나요.

③ 편지는 무엇 때문에 쓰나요?　　④ 편지는 누구에게 쓰나요?

⑤ 편지가 무엇이에요?

제목찾기 **2.** 글의 내용과 잘 어울리게 제목을 붙이세요.

□□ □□

사실이해 **3.** 글에 나오지 <u>않은</u> 내용은 어느 것입니까?

① 편지의 짜임새　　② 편지의 첫머리　　③ 편지의 사연

④ 편지의 끝맺음　　⑤ 편지의 길이

미루어알기 **4.** ㉠의 까닭으로 알맞은 것은 무엇입니까?

① 대화이기 때문에　　　　　　② 이야기이기 때문에

③ 글로 쓰는 것이기 때문에　　④ 예의와 격식을 갖추기 때문에

⑤ 편안하고 자연스럽게 말하기 때문에

세부내용 **5.** ㉡을 편지에서는 무엇이라고 합니까?

① 호칭　　② 인사　　③ 안부　　④ 사연　　⑤ 서명

적용하기 **6.** 편지의 첫머리와 어울리지 <u>않는</u> 문장은 어느 것입니까?

① 짱아 잘 지냈어?　　　　　② 올 겨울은 참 춥지.

③ 건강하게 잘 지내고 있지?　　④ 나도 잘 지내고 있어.

⑤ 그럼 또 봐.

	점 수
1~6번 문제의 점수를 더하여 총점을 쓰고 150쪽의 표에 막대그래프로 표시하세요.	

평가요소 1.☐ 20점 | 2.☐ 15점 | 3.☐ 15점 | 4.☐ 20점 | 5.☐ 15점 | 6.☐ 15점

154쪽 표의 해당하는 번호에 체크하세요.

'강강술래'는 풍요를 상징하는 달을 떠올리며 하는 놀이에요. 농사를 위주로 하는 사회에서 보름달은 풍요를 상징하며 이는 여성과도 관련되어요. 여성은 생산을 도맡고 있으므로 여성 자체가 풍요를 상징하는 존재이며, 정월 대보름의 가득 찬 둥근 달은 아이를 낳기 직전의 여성으로 비유되지요. 그래서 대보름날의 강강술래놀이는 여성들이 풍요의 달 아래에서 논다는 뜻에서 풍요를 마음껏 즐긴다는 마음과 통해요.

강강술래는 여러 가지 형태의 놀이로 이루어지지만 그중에서도 ㉠둥글게 무리를 이루어 추는 춤은 보름달의 모양을 상징하여 매우 중요해요. 강강술래는 이런 춤만 추는 것이 아니지요. '고사리껑자(꺾자), 덕석몰이, 청어영짝(엮자), 문열어라, 기와밟기, 가마등, 닭살이, 남생이놀아라' 같은 여러 놀이가 있어요. 이것을 모두 하는 것은 아니고 몇 개씩 어우러지도록 해서 하나의 놀이를 이루어요. 하지만 놀이의 성격을 두드러지게 드러내는 것은 역시 여러 사람이 둥글게 돌며 추는 원무이에요.

노래는 목청 좋은 사람이 앞소리를 하면 다른 사람들이 뒷소리로 받아요. 가사는 시집살이 노래건 베틀노래건 전해 내려오는 민요나 그 자리에서 떠올린 가사를 부르면, 뒷소리를 '강강술래'라는 합창으로 받아요. 처음에는 느린 가락에 맞추어 춤을 추다가 점점 빠른 가락으로 바뀌고 동작도 빨라져요. 이것을 '뛴다'라고 해요. 이렇게 뛰다가 지치면 쉬고, 쉬었다가 뛰고 하며 즐겨요. 둥글게 원을 그리며 뛰고 노는 느린 강강술래가 빠른 강강술래로 바뀌고 그것이 끝나고 나면 고사리꺾기가 시작되어요.

강강술래는 주로 전라도에서 즐기는 놀이고, 경상도에서는 이와 비슷한 성질을 지닌 놀이로 '월월이청청, 놋다리밟기'가 있어요. 또 이 놀이가 여성이 둥글게 무리를 지어 추는 춤 중심의 놀이인 반면 남자들이 이런 춤을 추며 노는 놀이로 '쾌지나칭칭'이 있어요.

주제찾기 **1.** 무엇에 초점을 맞추어 내용을 펼쳤나요?

① 놀이의 유래　　　　　　　② 놀이를 즐기는 사람

③ 놀이에서 노래가 하는 역할　　④ 놀이에 담긴 뜻과 놀이의 방법

⑤ 놀이의 순서와 놀이를 즐기는 지역

글감찾기 **2.** 글감으로 선택한 민속놀이의 이름을 글에서 찾아 쓰세요.

사실이해 **3.** 글에 나온 내용을 고르세요.

① 강강술래는 무대에서 공연된다.

② 강강술래에서 노래는 중요하지 않다.

③ 강강술래는 여러 사람이 펼치는 놀이이다.

④ 강강술래는 달이 뜰 때 시작하여 질 때 끝난다.

⑤ 강강술래의 춤은 처음부터 끝까지 빠르게 진행된다.

미루어알기 **4.** 강강술래의 노래에 대해 떠올린 알맞은 생각은 어느 것입니까?

① 뒷소리는 한 사람이 부른다.

② 앞소리는 여러 사람이 부른다.

③ 뒷소리로 시작하여 앞소리로 끝난다.

④ 앞소리와 뒷소리는 모두 같은 내용이다.

⑤ 앞소리에서 부르는 사람의 생각을 드러낼 수 있다.

세부내용 **5.** ㉠을 뜻하는 말은 무엇입니까?

① 농사　　② 만월　　③ 중심　　④ 동작　　⑤ 원무

적용하기 **6.** 마을 잔치에서 할아버지들이 직접 공연할 놀이로 알맞은 것을 고르세요.

① 쾌지나칭칭　　② 고사리꺾기　　③ 놋다리밟기

④ 문열어라　　　⑤ 닭살이

	점 수
1~6번 문제의 점수를 더하여 총점을 쓰고 150쪽의 표에 막대그래프로 표시하세요.	

평가
요소

1. ☐ 15점 | 2. ☐ 15점 | 3. ☐ 15점 | 4. ☐ 20점 | 5. ☐ 15점 | 6. ☐ 20점

154쪽 표의 해당하는 번호에 체크하세요.

　　조선 시대 나라에서 치르는 행사를 자세히 써놓은 『국조오례의』라는 책을 보면, 정월 초하루 새벽에, 돌아가신 임금님께 제사를 올리는 종묘에서 임금이 큰 제사를 올렸다고 해요. 날이 밝으면 궁궐에서는 왕이, 다음 왕이 될 왕세자와 여러 신하를 거느리고 북쪽을 향하여 절을 올리고, 이어서 왕은 왕세자와 여러 신하, 왕세자빈❶으로부터 새해의 절을 받거나 지방의 관리들이 올린 축하의 선물을 받았다고 해요. 벼슬아치들은 다투어 친척과 동료들의 집에 가서 이름을 새긴 나뭇조각을 문안에 던지는데, 벼슬이 높은 집에서는 미리 함을 설치하여 받기까지 하였대요. 이것을 '세함'이라고 불렀어요.

　　한편, 우리나라에서 전통적으로 새 옷으로 갈아입는 날은 1년에 3일뿐인데, 설날을 비롯하여 수릿날[단오]과 한가윗날[추석]이에요. 이런 명절에 입는 옷을 특히 '비음[빔]'이라고 하는데, 이렇게 ㉠새 옷을 입는 것은 새로운 사회적 지위나 생활 단계에 들어섰다는 것을 마음속으로 새기게 하는 뜻을 지니고 있었다고 해요.

　　어른들은 설날 아침에 새로 맞추어 입은 설빔 위에 예복을 차려입고, 사당❷이나 대청에서 4대 조상의 신주를 내어 모시고 차례를 지냈어요. 그리고 차례를 지내기 전날이나 훗날 조상들의 묘를 찾아 성묘하고 돌아와요. 설 차례상에는 떡국을 올리고 차례를 지낸 다음에 상에 올라있던 음식을 함께 먹고, 비로소 떡국을 먹었어요. 차례가 끝나면, 이웃의 어른들께나 친구끼리 서로 집으로 찾아가서 세배하며, 인사를 나누었어요. 이때 서로 나누는 말들을 '덕담'이라고 하는데 덕담의 표현은 시제를 항상 과거형으로 하는 특징을 보여 주었어요. 그러나 오늘날은 단지 덕담의 형식이 미래에 닥칠 일에 대한 축원❸으로 변하였어요. 어린이들에게는 세뱃돈을 주는 풍속이 전해오며, 세배하러 오는 사람들을 대접하기 위해 마련하는 음식을 '세찬', 그리고 술을 '세주'라고 불렀어요.

「Note　❶ 왕세자의 아내.　❷ 조상의 신주(神主)를 모셔 놓은 집.　❸ 희망하는 대로 이루어지기를 마음속으로 원함.

1. 글에서 설명한 중심 내용은 무엇인가요?

① 나라에서 지내는 큰제사
② 정월 초하루의 궁궐 풍경
③ 전해오는 설날의 행사와 풍속
④ 새 옷으로 갈아입는 사회적 의미
⑤ 차례의 앞과 뒤에 치르는 설날의 풍속

2. 빈칸에 낱말을 넣어 글의 제목을 붙이세요.

□□의 풍속

3. 글에서 가장 먼저 설명한 설날의 행사는 무엇인가요?

① 종묘의 큰제사
② 나뭇조각 던지기
③ 설빔으로 갈아입기
④ 차례 지내기
⑤ 세배하기

미루어알기

4. ㉠에서 떠올린 생각으로 알맞은 것을 고르세요.

① 설빔은 그것을 입은 사람이 어떤 벼슬을 하는지 알게 한다.

② 설빔을 입고 세배를 한 뒤에 어른이 되고 있음을 느껴 뿌듯해진다.

③ 설빔을 입은 것을 보고 다시 새해가 시작되었음을 비로소 깨닫는다.

④ 설빔으로 그 사람이 어떤 일을 하고 있으며, 얼마나 부자인지 알 수 있다.

⑤ 설빔에는 새해에 좋은 일만 생기고 더 나은 사람이 되겠다는 마음이 담겨 있다.

세부내용

5. 다음 중 설날과 거리가 <u>먼</u> 것은 무엇입니까?

① 성묘하기

② 설빔 입기

③ 차례 지내기

④ 덕담하기

⑤ 세배하기

적용하기

6. 다음 중 옛날 방식의 '덕담'은 어느 것입니까?

① 새해에도 복 많이 받으세요.

② 올해에도 건강하게 지내세요.

③ 몰라보게 글 솜씨가 좋아졌더군요.

④ 앞으로는 더욱 자주 만나기를 빕니다.

⑤ 어르신의 집안에 행운이 가득하길 기원합니다.

점 수

1~6번 문제의 점수를 더하여 총점을 쓰고 150쪽의 표에 막대그래프로 표시하세요.

제기는 엽전이나 구멍이 난 둥근 돈을 얇고 질긴 한지나 비단으로 접어서 싼 다음, 양 끝을 구멍에 꿰고 그 끝을 여러 갈래로 찢어서 너풀거리게 한 것이에요. 주로 설날에 많이 노는 어린이 놀이기구였어요. 이 기구로 즐긴 놀이가 제기차기에요.

놀이 방법은 한 사람씩 차기도 하고 여러 사람이 모여서 마주 차기도 해요. 서울에서는 한 번 차고 땅을 딛고, 또 차고 땅을 딛고 하는 따위의 제기차기를 '땅강아지', 두 발을 번갈아 가며 차는 것을 '어지자지', 땅을 딛지 않고 계속 차는 것을 '헐랭이'라고 불렀어요. 이 밖에 한 번 차서 제기를 입에 물었다가 다시 차고, 다시 차고 다시 무는 '물지기', 키를 넘게 올려 차는 '키지기', 차서 머리 위에 얹었다가 떨어뜨려 다시 차는 '언지기'도 있어요. 앞의 여러 가지 방법 중에 어느 한 가지만을 미리 정해서 차기도 하고, '삼세 가지'라 하여 위의 세 가지를 모두 차거나 해서 합계를 내어 승부를 짓기도 했어요.

잘 차는 사람은 한 가지만으로 몇 백까지 차기도 하는데, 차올린 제기를 머리 위나 어깨로 받아서 한참씩 다리를 쉬거나 발 안쪽과 바깥쪽은 물론이고 발등과 발뒤축 또는 무릎으로 차는 재주를 부리기도 했어요. 또, 세 사람 이상이 찰 때는 갑이 을에게 차 넘긴 것을 다시 병이 받아 차면서 순서대로 다음 사람에게 넘기기도 하며, 여러 사람이 둥글게 둘러서서 순서 없이 아무나 차기도 해요.

진 쪽에서는 '종들이기'라 하여 상대의 서너 걸음 앞에서 제기를 ㉠상대의 발부리를 향해 던지며, 이긴 사람은 이것을 멀리 차 내어요. 진 쪽이 그것을 손으로 잡지 못하면 몇 번이고 반복해서 들여 주어야 하며, 차는 쪽에서 헛발질하게 되면 종의 처지에서 벗어나게 되어요. 한편, 제기를 받아 차는 쪽에서는 일단 받아서 자기 혼자서 몇 번이고 차다가 주위에 서 있던 자기편에게 넘기기도 해요. 그래서 진 쪽에서는 이것을 받아 찬 사람에게까지 종들이기를 하기도 해요.

1. 글의 중심 내용을 다음과 같이 정리할 때, 빈칸에 알맞은 낱말을 글에서 찾아 쓰세요.

제기차기의 놀이 □□과 놀이에서 진 쪽이 해야 하는 □□□□

2. 글감은 무엇입니까?

① 제기차기
② 땅강아지
③ 어지자지
④ 헐랭이
⑤ 물지기

3. 제기차기를 할 때 가장 먼저 해야 할 일은 무엇인가요?

① 사람 모으기
② 제기 만들기
③ 장소 정하기
④ 규칙 알려주기
⑤ 편 가르고 심판 뽑기

미루어알기 **4.** '종들이기'에 관한 다음 (   )에 들어갈 말은 어느 것이 알맞을까요?

> 그러므로 종 들이는 사람은 (   ), 일부러 다른 데로 던져서 상대의 헛발질을 유도한다.

① 제기를 잘 던지거나
② 제기를 공중으로 던지거나
③ 제기를 던지는 헛 시늉을 하거나
④ 제기를 혼자서만 계속하여 차거나
⑤ 제기를 던질 때 상대의 눈을 보거나

세부내용 **5.** ㉠과 같은 뜻을 지니는 말을 글에서 찾아 알맞게 바꾸어놓은 것을 고르세요.

① 즐기며   ② 들여 주며
③ 접어서 싸며   ④ 넘겨서 차며
⑤ 벗어나도록 하며

적용하기 **6.** 기구를 가지고 재주를 부린다는 점에서, 제기차기와 가장 비슷한 성질을 지니는 놀이라고 할 수 있는 것은 무엇일까요.

① 배구   ② 농구   ③ 탁구
④ 축구   ⑤ 야구

	점 수
1~6번 문제의 점수를 더하여 총점을 쓰고 150쪽의 표에 막대그래프로 표시하세요.	

| 평가요소 | 1. ☐ 20점 | 2. ☐ 15점 | 3. ☐ 15점 | 4. ☐ 20점 | 5. ☐ 15점 | 6. ☐ 15점 |

154쪽 표의 해당하는 번호에 체크하세요.

궁궐은 임금님의 집이야. 뒤로는 산이 두르고 앞으로는 물이 흐르는 좋은 곳에 지었지.

임금님은 궁궐에서 나라를 다스렸어.

창덕궁❶은 가장 많은 임금님이 살았던 곳이야.

자연과 잘 어우러진 아름다운 궁궐이지.

우뚝 솟은 큰 문이 보이지?

멀리서도 우러러보도록 이 층으로 높고 크게 지었어.

아무나 함부로 들어가지 못하게 군사들이 지켰지.

가운데 문은 왜 닫혀 있을까?

가운데 넓은 문으로는 임금님만 다닐 수 있기 때문이야.

창덕궁 안으로 들어가려면 금천교라는 돌다리를 건너야 해.

돌다리 아래에는 ㉠냇물이 흘렀어.

나쁜 것들이 임금님 계신 곳으로 들어가지 못하게 막는 냇물이야.

신하들은 이 냇물에 나쁜 마음을 모두 흘려보내고 깨끗한 마음으로 임금님이 계신 곳으로 들어갔어.

이곳은 창덕궁의 으뜸 건물인 인정전이야.

궁궐 어디서나 눈에 띄도록 크고 화려하게 지었어.

나라의 중요한 행사를 하는 곳이거든.

임금님의 생신이나 큰 명절날에는 신하들이 인정전에서 임금님께 인사를 드렸어.

이곳은 다음 임금님이 될 세자가 사는 곳이야.

❝Note

❶ 서울특별시 종로구 와룡동에 있는 궁궐. 조선 태종 때에 건립된 것으로 역대 왕이 정치를 하고 상주하던 곳이며, 보물 383호인 돈화문 따위가 있다. 1997년에 유네스코 세계 문화유산으로 지정되었다.

❷ 조선 정조 즉위년(1776)에 설치한 왕실 도서관. 역대 임금의 글이나 글씨 · 고명(顧命) · 유교(遺敎) · 선보(璿譜) · 보감(寶鑑) 따위와 어진(御眞)을 보관하고, 많은 책을 편찬 · 인쇄 · 반포하여 조선 후기의 문학의 기운을 불러일으키는 중심 역할을 하다가 1894년 갑오개혁 때 폐지하였다.

세자의 집은 해가 드는 동쪽에 지어 동궁이라고 해.

동궁에는 세자만을 위한 학교와 도서관도 있었어.

세자는 어려서부터 임금님이 되기 위한 준비를 하였어.

세 살 때부터 훌륭한 선생님을 모시고 공부하였지.

붓글씨와 예법을 익히고, 악기도 연주하였어.

좀 더 크면 활쏘기와 말타기도 배웠어.

임금님이 들어가는 곳이 어디일까?

이곳에는 책이 삼만 권이나 있고 돌아가신 임금님들이 지은 시와 글씨도 있어.

신하들이 밤늦게까지 글을 읽으며 토론도 하지.

여기는 임금님의 도서관인 규장각ᐨ이야.

규장각에서 임금님은 젊고 똑똑한 신하들과 학문을 연구하며 나라를 잘 다스리는 방법을 의논하였어.

임금님의 집 창덕궁에는 임금님과 함께 많은 사람이 살았어.

지금은 아무도 살고 있지 않지만 창덕궁은 소중한 문화를 간직한 채 서울 한가운데 당당하게 자리 잡고 있지.

우리는 언제라도 창덕궁에 가서 아름다운 궁궐의 모습을 볼 수 있어.

주제찾기 **1.** 글의 중심 내용을 간추려 빈칸을 채우세요.

> 창덕궁 안에는 으뜸 궁전인 □□□이 있고, 도서관이라 할 수 있는 □□□이 있어 임금님이 나라를 다스리기 좋았다.

제목찾기 **2.** 글의 제목으로 알맞은 것을 고르세요.

① 궁궐의 이모저모　　　　② 임금님의 집 창덕궁
③ 궁궐의 이곳저곳 찾아보기　　④ 임금님이 다녔던 궁궐 둘러보기
⑤ 궁궐에서 맛보는 옛 사람들의 기운

사실이해 **3.** 창덕궁에 들어갈 때 처음 마주하는 곳은 어디입니까?

① 큰 문 　　　　② 금천교 　　　　③ 인정전
④ 동궁 　　　　⑤ 규장각

미루어알기 **4.** ㉠은 '내'와 '물'이 합쳐 새로운 낱말을 이루었습니다. 이와 같은 방식으로 이루어진 낱말은 어느 것입니까?

① 우뚝 　　　　② 가운데 　　　　③ 돌다리
④ 으뜸 　　　　⑤ 동쪽

세부내용 **5.** 아름다운 궁궐은 어떤 곳에 자리를 잡는다고 볼 수 있습니까?

① 사람들이 아주 많이 사는 곳
② 사람들의 자취가 끊어진 외진 곳
③ 여름에는 시원하고 겨울에는 따뜻한 곳
④ 뒤로는 산이 두르고 앞으로는 물이 흐르는 곳
⑤ 나무가 울창하게 우거지고 온갖 짐승들이 사는 곳

적용하기 **6.** 임금님이 지은 시와 글씨를 보기 위해서는 어디로 가야 할까요?

① 궁궐 　　　　② 금천교 　　　　③ 인정전
④ 동궁 　　　　⑤ 규장각

	점 수
1~6번 문제의 점수를 더하여 총점을 쓰고 150쪽의 표에 막대그래프로 표시하세요.	

평가
요소 1. ☐ 15점 | 2. ☐ 20점 | 3. ☐ 15점 | 4. ☐ 15점 | 5. ☐ 15점 | 6. ☐ 20점

154쪽 표의 해당하는 번호에 체크하세요.

우리나라는 계절에 따라 기온과 강수량의 변화가 커요. 봄에는 따뜻하다가 여름에는 무척 더워져요. 가을이 되면 선선해지고 겨울에는 추워지지요. 그리고 여름에는 비가 많이 오고 겨울에는 적게 와요. 일 년 동안 내리는 비의 대부분이 6~9월 사이에 내려요.

봄은 겨울과 여름 사이의 계절로 보통 3~5월을 봄이라고 해요. 봄에는 중국과 우리나라 사이에 고기압과 저기압이 번갈아가며 생겨요. 그래서 우리나라의 봄 날씨는 번갈아가면서 맑거나 흐려지게 된답니다. 봄에는 날씨가 점점 따뜻해지지만 때때로 꽃샘추위가 나타나요. 또 낮에는 기온이 높지만 밤에는 기온이 낮아서 시간에 따른 온도의 차이가 커요. 비가 내리지 않아 이상 건조 현상이 일어나기도 하고, 반갑지 않은 황사[1] 현상도 많이 나타나지요. 하지만 철새가 날아오고 남쪽으로부터 꽃 소식도 들려오는 계절이랍니다.

여름은 봄과 가을 사이의 계절로, 보통 6~8월을 여름이라고 해요. 6월 말에서 7월 말 정도까지는 장마로 비가 많이 내리지만, 장마 전선이 이동하면서 날씨가 좋을 때도 있어요. 장마 전선이 북쪽으로 올라가 북태평양 고기압이 강해지는 7월 말부터 8월 초가 되면 본격적인 더위가 시작되지요. 여름에는 하루 최고 기온이 30℃를 넘는 날이 많으며, 밤에도 기온이 25℃를 넘는 열대야 현상이 나타나기도 해요.

가을은 여름과 겨울 사이의 계절로 보통 9~11월을 가을이라고 해요. 아침저녁으로 날씨가 선선해지면서 기온 차이가 벌어져요. 대체로 10월로 접어들면 강수량이 적어지고 공기 중의 습도가 낮아져 맑고 상쾌한 날씨가 이어지지요. 또 산과 들이 온통 단풍으로 물들어 일 년 중 가장 화려한 풍경을 자랑해요.

보통 12~2월을 겨울이라고 해요. 겨울에는 찬 대륙 고기압의 영향으로 차갑

Note

[1] 중국 대륙의 사막이나 황토 지대에 있는 가는 모래가 강한 바람으로 인하여 날아올랐다가 점차 내려오는 현상.

[2] 계절에 따라 주기적으로 일정한 방향으로 부는 바람. 여름에는 바다에서 대륙으로, 겨울에는 대륙에서 바다로 분다. 바람이 나타나는 위도에 따라 열대 계절풍, 아열대 계절풍, 온대 계절풍 따위로 구분한다. '철바람'으로 순화.

고 메마른 북서 계절풍[2]이 불고 갑자기 기온이 내려가는 일이 많아요. 또 눈이 많이 내리고 맑고 건조한 날씨가 많아져요. 갑자기 날씨가 추워지는 한파가 지나가면 일시적으로 기온이 오르고 바람이 잔잔해져요. 보통 3일은 춥고 4일은 따뜻하다고 해서 '삼한사온' 현상이라고 하지요.

주제찾기 **1.** 글의 중심 내용을 가장 잘 드러낸 문장은 어느 것입니까?

　① 우리나라는 강수량이 많다.
　② 우리나라의 여름은 기온이 높다.
　③ 우리나라는 기온과 강수량은 일정하다.
　④ 우리나라는 계절에 따라 날씨의 특징이 뚜렷하다.
　⑤ 우리나라의 계절은 이상 기후 현상으로 파괴되고 있다.

제목찾기 **2.** 빈칸을 채워 글의 제목을 붙이세요.

□□□□의 □□

사실이해 **3.** 봄과 <u>어긋나는</u> 설명을 고르세요.

　① 날씨가 점점 따뜻해진다.
　② 날씨의 변화가 매우 심하다.
　③ 하루 중의 기온 차이가 크다.
　④ 메마른 날이 어디서든 계속된다.
　⑤ 남쪽에서부터 꽃이 피기 시작한다.

미루어알기 **4.** 아래의 글을 더 읽고 나서, 새롭게 떠올린 생각은 어느 것입니까?

> 우리나라는 남북으로 길게 뻗어 있어서 북쪽으로 갈수록 기온이 낮아지고 겨울이 길어요. 그런데 동해안이 서해안보다 여름에는 서늘하고 겨울에는 더 따뜻하답니다. 겨울에는 동쪽에 있는 태백산맥이 찬바람을 막아 주고, 동해의 바닷물이 더 따뜻하기 때문이에요.

① 남쪽에 살면 겨울을 겪지 않게 된다.
② 남쪽보다 북쪽의 기온 변화가 심하다.
③ 위치에 따라 기온의 차이가 나타난다.
④ 계절에 따라 기온과 강수량의 변화가 크다.
⑤ 높은 산맥이 어떤 계절인지 알 수 없게 만든다.

세부내용 **5.** 계절의 특징을 알려주는 낱말이 <u>아닌</u> 것을 고르세요.

① 고기압   ② 꽃샘추위   ③ 열대야
④ 단풍   ⑤ 한파

적용하기 **6.** 봄철 날씨의 특징에 잘 대비한 사람은 누구입니까?

① 준서: 사계절 두루 쓰게 우산을 마련했어.
② 자은: 보온도 되고 바람도 막아줄 옷을 쌌어.
③ 민우: 가뭄이 올까봐 생수를 충분히 준비했어.
④ 연주: 음식이 상하기 쉬우므로 적게 먹기로 했어
⑤ 다솜: 아빠를 도와 집 주변의 물 빠짐이 좋아지도록 했어.

	점 수
1~6번 문제의 점수를 더하여 총점을 쓰고 150쪽의 표에 막대그래프로 표시하세요.	

| 평가
요소 | 1. ☐
20점 | 2. ☐
15점 | 3. ☐
15점 | 4. ☐
15점 | 5. ☐
15점 | 6. ☐
20점 |

154쪽 표의 해당하는 번호에 체크하세요.

"야, 연을 띄우자."

바람 부는 날에는 역시 연날리기가 최고예요.

연이 이리저리 바람을 타고 날아요.

바람은 공기가 움직이면서 생기는 거예요.

쫙쫙 퍼졌다가 다시 동글동글 뭉치는 구름은 요술쟁이.

둥실둥실 하늘을 떠다니는 개구쟁이 친구들이죠.

"와! 푹신푹신 솜사탕 같다."

구름은 하늘 위에 떠 있는 물방울이랍니다.

갑자기 검은 구름이 몰려들고 하늘이 흐려져요.

뚝! 뚝! 뚝! "앗, 비가 오잖아. 우산을 써야겠다."

후두둑 빗방울이 떨어지더니 주룩주룩 비가 내리네요.

구름 속 물방울들이 커져 무거워지면 비가 되어 내리지요.

시커먼 하늘에 불빛이 번쩍번쩍 커다란 소리가 쿠르릉 쾅.

"으악, 하늘에 전기가 올랐나 봐."

번개가 빛을 내고, 천둥이 소리를 낸 거예요.

뜨거운 번개**➊**가 번쩍 빛을 내면 큰 천둥소리가 나지요.

비가 그치고 햇살이 하늘 가득 퍼져요.

어, 그런데 하늘에 고운 무지개가 ⊙떴네요.

빨, 주, 노, 초, 파, 남, 보, 정말 예뻐요.

공중에 떠 있던 물방울에 햇빛이 비치면서 일곱 빛깔의 무지개가 생겼지요.

"헉헉, 아, 덥다 더워. 햇볕이 너무 뜨거워."

"야, 우리 물놀이 가자, 이럴 땐 물놀이가 최고지."

「Note   **➊** 구름과 구름, 구름과 대지 사이에서 공중 전기가 흐르면서 일어나 번쩍이는 불꽃.

푹푹 찌는 더위에 가만히 있어도 땀이 줄줄 흘러요.

뜨거운 태양 빛을 받아 땅과 공기가 데워져 더운 거예요.

주제찾기 **1.** 어떤 내용에 초점을 맞춘 글입니까?

① 공기의 움직임

② 개구쟁이 친구들

③ 날씨의 여러 모습

④ 구름과 물방울의 관계

⑤ 더위를 몰고 오는 햇빛

글감찾기 **2.** 글 전체의 내용에서 떠올린 글감을 한 낱말로 쓰세요.

사실이해 **3.** 글에서 설명하지 <u>않은</u> 것은 무엇입니까?

① 바람 ② 구름 ③ 번개

④ 천둥 ⑤ 얼음

미루어알기 **4.** 하늘에 생긴 전기라고 할 수 있는 것은 무엇입니까?

① 바람　　　　　② 구름　　　　　③ 비
④ 번개　　　　　⑤ 눈

세부내용 **5.** ⊙과 비슷한 뜻을 지니고 있는 것을 고르세요.

① 연이 공중에 <u>떴네요</u>.
② 날이 밝아 눈을 <u>떴네요</u>.
③ 어둡기 전에 길을 <u>떴네요</u>.
④ 아랫목에서 메주가 잘 <u>떴네요</u>.
⑤ 한 바가지의 물을 우물에서 <u>떴네요</u>.

적용하기 **6.** '하늘바라기'로 어떤 곳을 고르면 성공할 가능성이 높을까요?

하늘바라기: 빗물에 의하여서만 벼를 심어 키울 수 있는 논. '천둥지기'라고도 해요.

① 바람이 많이 부는 곳
② 흰구름이 끼는 곳
③ 비가 내리지 않는 곳
④ 무지개가 자주 뜨는 곳
⑤ 더위가 오랜 동안 계속되는 곳

점 수

1~6번 문제의 점수를 더하여 총점을 쓰고 150쪽의 표에 막대그래프로 표시하세요.

평가요소 1. ☐ 20점 | 2. ☐ 15점 | 3. ☐ 15점 | 4. ☐ 15점 | 5. ☐ 15점 | 6. ☐ 20점

154쪽 표의 해당하는 번호에 체크하세요.

한 달 동안 매일 같은 시각에 달의 모양을 관찰하면, 달의 모양이 조금씩 달라지는 것을 볼 수 있어요. 보름달에서 하현달, 그믐달, 초승달, 상현달로 모양이 변했다가 다시 보름달이 되지요. 이것은 지구가 태양 주위를 도는 것처럼, 달이 지구 주위를 돌기 때문이에요. 그러니까 달이 지구 주위를 돌면서 (㉠   ) 때문에, 우리 눈에 달의 모양이 변하는 것처럼 보이는 거예요.

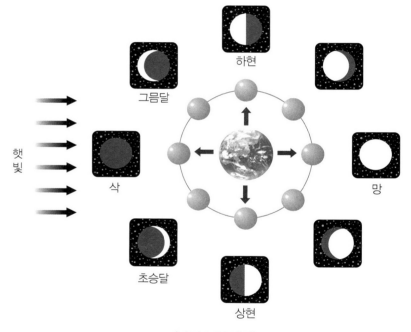

〈달의 모양 변화〉

한 달 동안 매일 똑같은 장소에서 초저녁 6시에 달을 관찰하면 눈썹 모양의 초승달은 서쪽 하늘에, 반달 모양의 상현달은 남쪽 하늘에, 보름달은 동쪽 하늘에 떠 있는 것을 볼 수 있어요. 그러니까 ㉡매일 뜨는 달의 위치가 서쪽에서 동쪽으로 이동하는 것이지요. 모양도 함께 변하면서 말이에요. 그런데 어떤 달이든 동쪽에서 떠서 서쪽으로 진다고도 할 수 있어요. 초승달조차도 말이에요. 하지만 초승달이 뜰 때는 정오이기 때문에 태양 빛이 너무 밝아서 달이 보이지 않게 되고, 달을 볼 수 있는 해가 진 후에는 서쪽에 있으므로 서쪽에서 뜨는 것처럼 보이는 거예요.

주제찾기 **1. 중심 내용으로 설명한 것은 무엇입니까?**

① 달의 모양 변화
② 달이 뜨고 질 때
③ 달이 뜨고 지는 이유
④ 달에서 떠올리는 느낌
⑤ 달이 하루 동안 움직이는 방향

글감찾기 **2. 글쓴이가 관찰의 중심 대상으로 삼은 것을 글에서 찾아 쓰세요.**

사실이해 **3. 글에 나온 내용은 어느 것입니까?**

① 달은 항상 둥글다.
② 달은 둥글 때 가장 크다.
③ 달과 지구는 서로서로 비춘다.
④ 달은 동쪽에서 떠서 서쪽으로 진다.
⑤ 달은 지구에 가려서 그 모양이 달라진다.

미루어알기 4. ㉠에 알맞은 내용은 어느 것입니까?

① 태양 빛이 모두 가려지기
② 태양 빛을 받는 부분이 달라지기
③ 태양 빛을 반사하는 크기가 달라지기
④ 태양 빛을 반사하기를 여러 번 반복하기
⑤ 태양 빛을 반사하는 색깔의 종류가 달라지기

세부내용 5. ㉡은 얼마 동안 일어난 일을 말한 것입니까?

① 하루   ② 열흘   ③ 보름
④ 한 달   ⑤ 한 해

적용하기 6. 다음 글의 (   )에 들어갈 말을 고르세요.

> 초승달은 음력 3일 경에 뜨는 오른쪽이 둥근 눈썹 모양의 작은 달을 말해요. 둥글고 매끈한 눈썹을 가진 사람에게 (   )고 비유하기도 한답니다.

① 초승달 같은 그믐달이다.
② 초승달은 예쁜 눈썹을 그렸다.
③ 초승달같이 예쁜 눈썹을 가졌다
④ 초승달같이 한밤중에 나와서 운다.
⑤ 초승달 같은 예쁜 눈썹을 가지고 웃는다.

	점 수
1~6번 문제의 점수를 더하여 총점을 쓰고 150쪽의 표에 막대그래프로 표시하세요.	

| 평가요소 | **1.** ☐ 20점 | **2.** ☐ 15점 | **3.** ☐ 15점 | **4.** ☐ 15점 | **5.** ☐ 15점 | **6.** ☐ 20점 |

155쪽 표의 해당하는 번호에 체크하세요.

똑. 똑. 귀 기울여 들어 보세요. 물방울 떨어지는 소리가 들리지 않나요? 하루 동안 수도꼭지에서 떨어지는 물방울을 모으면 큰 생수병 15개를 채울 수 있대요. 쓰지도 않고 그냥 흘려보내기 아깝지 않나요? 이제부터 내가 우리 집 물 도둑을 잡는 ㉠지킴이가 될 거예요.

'이를 닦을 때나 세수할 때 물 받아쓰기'는 물을 절약하기 위해 꼭 지키기로 한 약속이에요. 양치질하는 동안에 물을 계속 틀어 놓으면 큰 생수병 7개에 들어갈 물이 흘러가는 거래요. 세수할 때 물을 받아 쓰지 않고 그냥 흘려보낸다면 더 많은 물이 낭비되겠지요.

욕조에서 물놀이하지 않기로 약속했어요. 나는 월요일마다 목욕하는데, 물을 받아 놓고 목욕을 하며 물놀이했어요. 그런데 내가 잠깐 놀다 버린 물이 생수병 200개가 넘는대요. 그래서 씻을 때는 간단히 샤워만 하고, 비누칠할 때는 샤워기를 꼭 잠그기로 했어요. 물놀이가 너무 하고 싶으면 욕조[1] 밖에서 몸을 깨끗이 씻은 다음에 할 거예요. 그럼 엄마는 그 물로 걸레를 빨거나 식물에 물을 줘요. 물을 재활용하는 거예요.

지구에는 물이 많지만, 그중에서 사람이 사용할 수 있는 깨끗한 물은 매우 적어요. 우리가 살아가는 데 꼭 필요한 물을 소중히 아껴 쓰는 어린이가 되어야겠어요.

주제찾기   **1. 왜 이 글을 썼을까요?**

① 물 도둑을 잡기 위해   ② 물을 적게 마시기 위해
③ 물을 아껴 쓰게 하려고   ④ 물로 건강한 생활을 꾀하기 위해
⑤ 물이 건강에 미치는 영향을 알기 위해

「Note   [1] 들어가서 목욕을 할 수 있도록 물을 담는 큰 그릇.

글감찾기 **2.** 글쓴이가 자기 생각을 전하기 위해 선택한 재료를 글에서 찾아 쓰세요.

사실이해 **3.** 글에서 떠올릴 수 없는 장면은 어느 것입니까?

① 물방울이 떨어지는 수도꼭지　② 쓰지도 않고 그냥 흘러가는 물

③ 물을 받아놓고 세수를 함　④ 샤워기를 잠그고 비누칠을 함

⑤ 목욕을 하지 않고 욕조 밖에서 서성거림

미루어알기 **4.** 윗글과 아래의 글을 모두 읽고 떠올린 알맞은 생각은 어느 것입니까?

> 물은 지구 표면의 2/3를 차지할 만큼 아주 많아요. 하지만 약 97.5%를 차지하는 바닷물은 짜서 사람들이 이용할 수가 없어요. 사람이 생활하는 데 필요한, 짜지 않은 민물은 지구 전체 물의 2.5%밖에 되지 않아요.

① 정말 물을 아껴 써야겠어.

② 흥, 우리나라에는 물이 많잖아.

③ 물기가 많은 과일을 먹으면 되겠지.

④ 다른 나라에서 물을 수입하자

⑤ 바닷물을 걸러서 사용할 수 있어.

세부내용 **5.** ㉠과 같은 방법으로 만들어진 낱말을 고르세요.

① 기울기　② 도움이　③ 아롱이　④ 사랑니　⑤ 기중기

적용하기 **6.** 윗글을 읽고 지은 짧은 글 중에서 가장 잘 된 것을 고르세요.

① 없어져야 뉘우치지/ 우리의 소중한 재산

② 있을 때는 몰라요/ 공기 같은 물

③ 사람은 마시고/ 물고기는 즐긴다

④ 우리의 생명, 물/ 있을 때 아껴 쓰자

⑤ 물은 착한 사람이/ 산은 지혜로운 사람이

	점 수
1~6번 문제의 점수를 더하여 총점을 쓰고 151쪽의 표에 막대그래프로 표시하세요.	

(가) '넌 할 수 있어.'라고 말해 주세요.

　그럼 우리는 무엇이든 할 수 있지요.

　짜증나고 힘든 일도 신나게 할 수 있는

　㉠꿈이 크고 고운 마음이 자라는

　따뜻한 말, '넌 할 수 있어.'

　큰 꿈이 열리는 나무가 될래요.

　더없이 소중한 꿈을 이룰 거예요.

　'넌 할 수 있어.'

(나) ㉡'말 한마디에 천 냥 빚도 갚는다.'라는 속담도 있잖아. 말 중에는 다른 사람의 기분을 좋게 해 주는 특별한 말이 있어. 어떤 말이냐고?

　'부탁해요.', '고마워요.', '실례합니다.', '미안합니다.' 이런 말을 들으면 기분이 좋아져, 하지만 '꺼져!', '까불지 마!' 같은 말들은 다른 사람의 마음을 상하게 하니까 쓰면 안 돼.

　아마 너는 '안녕히 주무셨어요?', '안녕히 주무세요.'라는 인사를 가족 모두에게 하라고 배웠을 거야. 학교에서 돌아왔을 때나 친구네 집에 갔다 왔을 때 "다녀왔습니다." 하고 인사하는 것도 멋져. 집에 와서 불쑥 "맛있는 것 줘."라는 말부터 하기 전에 "저 왔어요."라고 말해 보는 건 어때?

　우리가 쓰는 말은 다른 사람의 마음을 기쁘게도 하고 아프게도 하는 힘이 있어. 다른 사람을 존중하는 마음을 가지고 나쁜 말 대신 고운 말만 쓰도록 노력해 봐.

주제찾기　**1.** 글 (가)와 (나)가 한목소리로 강조한 내용을 아래의 문장으로 드러내었습니다. 빈칸에 알맞은 말을 쓰세요.

> ☐☐ ☐☐의 마음을 생각해 주는 ☐을 하도록 노력하세요.

제목찾기 　**2.** 글의 내용과 잘 어울리는 제목은 무엇입니까?

① 말과 생각　　　　　　　② 마음을 담은 말

③ 남을 생각해주어요　　　④ 말이 나를 따라와요

⑤ 나는 남과 생각이 달라요

사실이해 　**3.** 남의 마음을 상하게 하는 말은 어느 것입니까?

① 까불지 마!　　② 고마워요.　　③ 부탁해요.

④ 실례합니다.　　⑤ 미안합니다.

미루어알기 　**4.** ㉠에서 떠올릴 수 있는 것은 무엇입니까?

① 어른　　② 희망　　③ 그릇　　④ 열매　　⑤ 바람

세부내용 　**5.** ㉡과 가장 비슷한 뜻을 지닌 속담은 어느 것입니까?

① 말 아닌 말이다.　　　　　② 말 속에 말 들었다.

③ 말로 온 동네 다 겪는다.　④ 말로 온갖 은혜 다 갚는다.

⑤ 말은 아 해 다르고 어 해 다르다.

적용하기 　**6.** 집안에서 생활할 때, 피해야 할 말을 고르세요.

① 형, 축하해!　　　　　　② 누나, 정말 멋져.

③ 엄마, 아빠 사랑해요.　　④ 할아버지, 세뱃돈 고맙습니다.

⑤ 엄마, 어서 밥 달라니까요.

	점 수
1~6번 문제의 점수를 더하여 총점을 쓰고 151쪽의 표에 막대그래프로 표시하세요.	

| 평가
요소 | 1. ☐
15점 | 2. ☐
20점 | 3. ☐
15점 | 4. ☐
15점 | 5. ☐
15점 | 6. ☐
20점 |

155쪽 표의 해당하는 번호에 체크하세요.

"실내에서 뛰지 마요!"

요즈음 선생님이 우리에게 자주 하시는 말씀입니다. 학기 초에 선생님과 우리 반 친구들은 '실내에서 뛰지 않기'라는 약속을 정하였습니다. 하지만, 우리 반 친구 대부분은 이러한 다짐을 잘 지키지 않습니다.

여전히 교실이나 복도에서 뛰어다니는 친구가 많습니다.

저도 최근에 수업을 마치고 집에 갈 때 복도에서 달려오는 친구와 부딪칠 뻔한 적이 있습니다. 다행히 피하였기 때문에 괜찮았지만 크게 다칠 뻔하였습니다.

이것 말고도 복도에서 뛰지 말아야 하는 까닭은 여러 가지가 있습니다. 복도에서 뛰게 되면 다른 반 교실에 피해를 주게 됩니다. 복도에서의 쿵쾅거리는 소리는 공부에 큰 방해가 됩니다.

그리고 복도에서 뛰는 습관을 고치지 못하면 계단에서도 뛰어다니게 됩니다. 이때 뛰어다니다가 잘못하여 미끄러지게 되면 크게 다칠 수 있습니다.

마지막으로, 복도에서 뛰는 행동은 다른 친구들이나 동생들에게 그릇된 습관을 지니게 할 수도 있습니다. 예를 들어, 우리가 복도에서 뛰어다니면 1학년 동생들이 ㉠잘못된 행동을 따라 할 수 있습니다.

그러므로 복도에서는 뛰지 말고 천천히 걸어 다니면 좋겠습니다. 이제부터 자신과 다른 친구들을 위하여 '실내에서 뛰지 않기'를 꼭 실천합시다.

주제찾기 **1.** 우리 반 친구들이 한 다짐은 무엇입니까?

① 자주 하시는 말씀
② 실내에서 뛰지 않기
③ 뛰지 말아야 하는 까닭
④ 교실에 피해 주지 않기
⑤ 계단에서 뛰어다니지 않기

글감찾기 **2.** 글쓴이는 주로 어디에서 겪은 일을 중심으로 하여 글을 썼나요. 그 장소를 글에서 찾아 쓰세요.

사실이해 **3.** 글을 어떤 내용으로 시작했나요?

① 선생님의 말씀　　　　　　　② 친구들과의 약속
③ 다짐을 하게 된 까닭　　　　　④ 미끄러져서 다친 모습
⑤ 동생들의 그릇된 습관

미루어알기 **4.** 글쓴이가 크게 다칠 뻔한 까닭은 무엇인가요?

① 남보다 빨리 뛰어서
② 복도에 물이 흘러 있어서
③ 달려오는 친구와 부딪힐 뻔해서
④ 쿵쾅거리며 걷다가 발을 헛디뎌서
⑤ 쫓아오던 친구가 소리치는 바람에 놀라서

세부내용 **5.** ㉠과 바꾸어 쓸 수 있는 낱말은 어느 것입니까?

① 약속한　　　　　② 다짐한　　　　　③ 부딪힐
④ 그릇된　　　　　⑤ 따르는

적용하기 **6.** 글을 통해 부탁한 말에 힘을 실어주는 말은 어느 것입니까?

① 선생님의 말씀이니 들어야지요.
② 약속은 지키라고 하는 것 아니겠어요!
③ 나의 마음을 향해 다짐을 되새겨 보아요.
④ 운동장에서 뛰면 아무도 탓할 사람이 없잖아요.
⑤ 실내에서 뛰면 다치거나 남에게 피해를 줄 수 있다니까요.

	점 수
1～6번 문제의 점수를 더하여 총점을 쓰고 151쪽의 표에 막대그래프로 표시하세요.	

평가
요소 **1.** ☐ **2.** ☐ **3.** ☐ **4.** ☐ **5.** ☐ **6.** ☐
20점   20점   15점   15점   15점   15점

155쪽 표의 해당하는 번호에 체크하세요.

우리나라에 사는 외국인 여성 가운데는 우리나라 남성과 결혼하기 위해 온 경우가 많아. 우리나라 남성과 결혼한 여성은 이제 외국인이 아니라 한국인이란다. 이 여성들은 말도 통하지 않는 낯선 나라에 와서 힘들게 살아가고 있지. 이렇게 국제결혼을 해서 가정을 이룬 경우를 다문화 가정이라고 해.

이제 우리나라에는 다문화 가정이 점점 늘어날 거야. 어느 통계[1]를 보면 2020년에는 다문화 가정에서 태어난 아이가 다섯 명 가운데 한 명일 거래. 다섯 명 가운데 한 명이라면 우리 동네 어디에서나 만날 수 있을 정도라고 할 수 있겠지. 세계적으로 다문화 가정이 늘어나는 것은 반드시 겪어야 하는 일임에도 불구하고 현재 많은 다문화 가정들은 가난, 사회적 부적응, 민족 및 인종 차별, 자녀의 차별 등의 문제에 부딪혀 있어.

행복한 가정은 어느 한 가지 모습으로 정해지는 게 아니야. 엄마와 살든, 할머니와 살든, 엄마가 다른 나라 출신이든 다양하게 가정을 이루고 사는 사람들은 모두 행복하게 살고 싶어 해. 누구도 그 행복을 방해할 수 없는 거야. 우리와 다르다고 해서, 나와 다르다고 해서 ㉠손가락질한다면 그것은 그 사람이 행복하게 살 수 있는 권리를 빼앗는 거야.

원시 시대부터 지금까지 세상은 늘 변화해 왔어. 사람들은 변화를 만들어 가기도 하고 받아들이기도 하면서 더 좋은 세상을 만들려고 애썼어. 그렇다면 지금 우리도 모든 사람이 행복하게 살 수 있는 세상을 만드는 데 힘을 보태야 하지 않을까?

우리나라 정부는 최근 증가하는 다문화 가정을 도와주고 보호하기 위하여 여러 법률을 정하여 시행하고 있어. 더불어 외국인 노동자, 결혼해서 우리나라에 들어온 여성, 북한에서 도망 나온 사람들을 위해 시민사회단체나 인권[2] 단체들은 차별 바로잡기 및 인권 보호를 위해 끊임없이 노력하고 있어.

Note **[1]** 1. 한데 몰아서 어림잡아 계산함. 2. 어떤 현상을 종합적으로 한눈에 알아보기 쉽게 일정한 체계에 따라 숫자로 나타냄. **[2]** 인간으로서 당연히 가지는 기본적 권리.

주제찾기

1. 어떤 주장을 받아들여 쓴 글입니까?

① 어느 나라 사람과도 결혼할 수 있어.
② 국제결혼은 많은 문제를 불러일으키고 있어.
③ 세계적으로 다문화 가정이 늘어나는 것을 못 막아.
④ 다문화 가정 사람들이 행복하게 살 수 있게 해 주어야 해.
⑤ 차별 바로잡기에 애쓰는 사람들에게 응원을 보내주어야 마땅해.

글감찾기

2. 글감을 5자로 쓰세요.

사실이해

3. 다문화 가정 사람들의 행복을 위해 우리가 할 수 있는 일은 무엇입니까?

① 도와주기   ② 믿어주기   ③ 친해지기   ④ 거리 두기   ⑤ 말 붙이기

미루어알기

4. 아래의 글을 읽어보았을 때, 다문화 가정에 가장 먼저 해주어야 할 일이라고 할 수 있는 것은 어느 것입니까?

> 우리나라는 다문화 가정을 오랜 세월 동안 혼혈 가정, 혼혈인 등으로 부르며 멀리하였지요.

① 우리말 가르치기   ② 우리 역사 가르치기
③ 잘못된 호칭 바로잡기   ④ 삐뚤어진 생각 바로잡기
⑤ 하나로 내려온 핏줄 버리기

세부내용

5. ㉠과 뜻이 가장 비슷한 낱말을 고르세요.

① 가리킨다   ② 짓누른다   ③ 다가선다
④ 윽박지른다   ⑤ 얕잡아본다

적용하기

6. 다문화 가정 아이가 학급에 있을 때, 가장 바람직한 행동은 무엇입니까?

① 서툰 우리말을 가르쳐준다.   ② 거리낌 없이 친해지고자 한다.
③ 학급에서 할 역할을 알려준다.   ④ 어느 나라에서 왔는지 물어본다.
⑤ 부모 중 누가 외국인인지 알아본다.

점 수

1~6번 문제의 점수를 더하여 총점을 쓰고 151쪽의 표에 막대그래프로 표시하세요.

평가요소	1. ☐ 20점	2. ☐ 15점	3. ☐ 15점	4. ☐ 15점	5. ☐ 15점	6. ☐ 20점

155쪽 표의 해당하는 번호에 체크하세요.

이가 튼튼하지 못해서 음식을 꼭꼭 씹지 않고 꿀꺽 삼키면 어떻게 될까요? 음식물이 통째로 위로 들어가면 소화도 안 되고 위가 무척 힘들 거예요. 이가 음식을 잘게 부수는 것은 음식을 소화하는 데 아주 중요하답니다. 그래서 이를 건강하게 하는 것이 아주 중요하지요.

우리가 단것을 먹고 이를 닦지 않으면, 입 안에 사는 미생물[1]이 당분을 먹고 산성 물질을 내놓아요. 이 산성 물질은 이의 가장 바깥 부분에 있는 에나멜질을 녹이기 시작해요. 특히 이의 표면에 파인 홈 부분이 공격을 받기 쉽지요. 이는 단단한 뼈처럼 보이지요? 이의 속을 들여다볼까요?

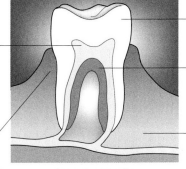

상아질: 에나멜질 아래에 있는 일종의 뼈를 말해요. 나이가 들면 에나멜질이 닳아 없어져 상아질이 드러나지요.

에나멜질(법랑질): 우리 몸에서 가장 단단한 부분이에요.

치수(치아 속질): 이의 안쪽을 메우고 있는 부드러운 조직으로, 신경과 혈관이 지나가지요.

잇몸

치조골(이틀)

〈이의 단면〉

처음에는 에나멜질을 조금씩 녹여가던 미생물들은 상아질까지 야금야금 차지합니다. 신경이 지나는 치아 속질까지 파 내려가면 무척 아플 거예요. 더 심해지면 너무 아파서 이를 아예 뽑아 버려야 한답니다. 치과에서는 에나멜질의 구멍을 메우고 더는 녹아 들어가지 않게 해서 벌레 먹은 이를 치료하지요.

우리는 이를 소중히 여겨야 합니다. 열세 살쯤 되어서 이갈이가 끝난 뒤에 이가 빠지면 더는 새로 날 이가 없기 때문입니다. 그리고 이가 아무리 단단하여도 충치가 생길 수 있다는 사실을 잊으면 안 됩니다. 소중한 이가 미생물 때문에 다 녹아 버리지 않도록 양치질을 열심히 해야 해요.

Note [1] 눈으로는 볼 수 없는 아주 작은 생물. 보통 세균, 효모, 원생동물 따위를 이르는데, 바이러스를 포함하는 경우도 있다.

주제찾기 **1.** 읽는 사람들의 생각을 바꾸도록 한 내용은 무엇입니까?

    ① 이가 몹시 아파요.

    ② 소화가 잘 안 되어요.

    ③ 단것을 먹으면 이빨이 썩어요.

    ④ 우리 입 안에는 미생물이 많이 살아요.

    ⑤ 이를 보호하기 위해 양치질을 열심히 해야 해요.

글감찾기 **2.** 글감으로 선택한 우리의 습관을 글에서 찾아 쓰세요.

사실이해 **3.** 글에 나타난 내용은 어느 것입니까?

    ① 음식을 삼키면 소화가 안 된다.

    ② 위는 들어온 음식을 잘게 부순다.

    ③ 입 안의 미생물은 산성 물질을 먹는다.

    ④ 입 안의 미생물은 딱딱한 상아질을 뚫지 못한다.

    ⑤ 나이가 열세 살쯤 지나서도 새 이가 나는 경우가 있다.

미루어알기

4. 글을 읽고 나서 새로 알아낸 내용으로 알맞은 것을 고르세요.

① 음식물을 꿀꺽 삼키면 이에 해롭다.
② 입속에 미생물이 살지 않도록 할 수 있다.
③ 소화를 위해서 음식물을 오래 씹는 것이 좋다.
④ 나이가 들어서도 에나멜질이 이를 두껍게 감싼다.
⑤ 이가 아주 단단하면 미생물이 이를 침범하지 못한다.

세부내용

5. 다음 설명에 해당하는 부분은 무엇입니까?

> 미생물이 만들어낸 산성 물질이 이곳을 지나는 신경을 건드려서 견디기 어려울 만큼 시리고 아픈 느낌을 준다.

① 잇몸   ② 치수   ③ 치조골
④ 상아질   ⑤ 에나멜질

적용하기

6. 글을 읽고 가장 바람직한 버릇을 갖게 된 사람의 말을 고르세요.

① 그날 할 일을 미루지 않아요.
② 음식을 지나치게 많이 먹지 않아요.
③ 마음에 드는 음식만 골라 먹어요.
④ 음식을 먹고 나서는 꼭 양치질해요.
⑤ 먹고 싶을 때 먹고 졸릴 때 자요.

점 수

1~6번 문제의 점수를 더하여 총점을 쓰고 151쪽의 표에 막대그래프로 표시하세요.

| 평가요소 | 1. ☐ 20점 | 2. ☐ 20점 | 3. ☐ 15점 | 4. ☐ 15점 | 5. ☐ 15점 | 6. ☐ 15점 |

155쪽 표의 해당하는 번호에 체크하세요.

살이 많이 찌면 왜 건강에 안 좋을까요?

우리가 '살이 쪘다'라고 표현하는 비만이란, 몸에 정상보다 많은 지방이 쌓여 있는 것을 말합니다. 지나치게 많은 지방은 우선 몸을 움직이기 힘들게 합니다. 몸에 많이 쌓인 지방은 허파나 심장을 짓눌러서 숨을 쉬기 힘들게 하고, 호르몬[1] 분비에도 변화를 주지요. 혈액 속에 지방 성분이 많아지면, 고혈압에 걸릴 위험 도 커져요. 당뇨병이나 심장병처럼 다른 질병이 함께 올 수도 있어요.

위에 음식이 가득 차면 간뇌는 '자, 이제 배가 부르니 그만 먹어'라고 명 령을 내리지요. 간뇌에 이상이 생겨서 배가 부르다는 것을 느끼지 못하면, (㉠) 비만이 생겨요. 또, 소화 효소가 잘 나오지 않아서 지방을 제 대로 분해할 수 없을 때도 비만이 생기죠. 이처럼 비만은 질병 때문에 생기기도 해요. 이런 경우, 의사 선생님의 치료를 받아야 한답니다.

키와 나이에 따라 건강한 '표준 체중'이 있어요. 체중이 표준 체중보다 너무 많 이 나가거나 너무 적게 나가면 몸에 무리가 오지요. '난 너무 살이 찐 것 같아'라 고 고민하는 친구 중에는, 잘못된 살빼기로 건강을 망치는 경우가 종종 있어요. 청소년기에는 키와 몸이 모두 커야 하므로, 균형 잡힌 식사가 아주 중요해요. (㉡) 밥을 굶는 살빼기는 잘못된 방법이랍니다.

식사를 알맞게 하면서 살빼기에 성공하기 위해서 가장 중요한 것이 운동입니 다. 운동에는 근력운동(무산소운동)과 유산소운동이 있습니다. 빠르게 걷기나 조깅, 자전거 타기, 에어로빅 등 유산소운동은 산소를 흡수해 열량을 없애버리 는 운동으로 몸에 쌓인 지방을 분해하는 효과가 있어요. 무산소 운동(100, 200, 400m 달리기, 헬스 등 근력운동)은 근육을 강하게 만들어주기는 하지만 지방

「Note **1** 동물의 내분비샘에서 분비되는 체액과 함께 몸 안을 돌면서, 다른 기관이나 조직의 작용을 돕거나 억제하는 물 질을 통틀어 이르는 말. **2** 생물체가 생명을 유지하는 데 필요한 최소한의 에너지의 양. 주로 체온 유지, 심장 박 동, 호흡 운동, 근육의 긴장 따위에 쓰는 에너지로, 우리나라 성인 남자의 경우 하루 1,400kcal 정도이다.

분해 효과는 없습니다. 체중조절에 가장 효과적인 운동은 유산소운동이며, 근력 운동도 근육량을 증가시켜 신체의 기초 대사량[2]을 증가시키므로 도움이 될 수 있습니다

주제찾기

1. 글쓴이의 중심 생각을 다음과 같이 한 문장으로 정리할 때, 빈칸에 알맞은 낱말을 글에서 찾아서 쓰세요.

> 삶을 불편하게 하고 병의 원인이 되기도 하는, 비만을 예방하고 치료해주는 □□□의 방법으로 □□이 가장 좋다.

제목찾기

2. 글의 제목으로 삼기에 알맞은 내용은 어느 것입니까?

① 비만의 뜻
② 비만과 몸무게
③ 비만이 가져오는 질병
④ 살빼기로 예방할 수 있는 질병
⑤ 살빼기에 성공할 수 있는 좋은 방법

사실이해

3. 어떤 내용으로 글을 시작하였습니까?

① 비만의 뜻을 알려줌
② 건강한 사람과 비만을 비교
③ 비만이 불러오는 문제점 강조
④ 문제를 불러일으킨 원인을 따짐
⑤ 잘못된 해결 방안을 고쳐 바로잡음

미루어알기

4. ㉠에 들어갈 알맞은 말을 고르세요.

① 항상 배고픔을 느끼기 때문에
② 늘 배가 고파서 끊임없이 먹기 때문에
③ 다른 사람이 음식 먹는 모습을 보기 때문에
④ 배가 고파서 패스트푸드를 많이 먹기 때문에
⑤ 굶은 뒤라서 더 강하게 배고픔을 느끼기 때문에

세부내용

5. ㉡에 들어갈 낱말은 무엇입니까?

① 그래서 　　　　　　② 그리고
③ 그런데 　　　　　　④ 이처럼
⑤ 이렇게

적용하기

6. 주변에 살이 쪄서 불편해하는 어른들께 권하고 싶은 운동은 어느 것입니까?

① 헬스 　　　　　　② 100m 달리기
③ 200m 달리기 　　④ 400m 달리기
⑤ 빠르게 걷기

	점 수
1~6번 문제의 점수를 더하여 총점을 쓰고 151쪽의 표에 막대그래프로 표시하세요.	

평가요소	1. ☐ 15점	2. ☐ 15점	3. ☐ 15점	4. ☐ 20점	5. ☐ 15점	6. ☐ 20점

155쪽 표의 해당하는 번호에 체크하세요.

컴퓨터나 스마트폰 오락을 지나치게 오랫동안 하면 해롭고 위험하다는데, 왜 그런가요?

첫째 전자파 때문입니다. 전자파는 전기가 흐르는 곳이면 어디에서나 발생합니다. 눈에 보이지는 않지만, 우리는 많은 전자파에 둘러싸여 있죠. 햇빛이 품고 있는 적외선이나 자외선도 일종의 전자파라고 할 수 있답니다. 우리가 쓰는 여러 가지 전자 제품에서도 당연히 전자파가 나오지요. 전자파가 무서운 것은 무엇보다도 우리 눈에 보이지 않기 때문입니다. 해롭고 위험하더라도 눈에 보이기만 하면 미리 손을 써서 막을 수라도 있을 텐데, 그렇지 않으니까요.

컴퓨터와 스마트폰도 마찬가지예요. 여러분은 컴퓨터나 스마트폰을 얼마나 오래 사용하나요? 오랫동안 강한 전자파에 닿으면 정상적인 몸의 움직임을 깨뜨려서 건강에 해롭다고 해요. 전자파가 뇌에 나쁜 영향을 미쳐서 기억력을 떨어뜨린다는 연구 결과도 발표되었답니다. 심지어는 암을 일으킬 위험도 있다고 해요. 이런 해로움과 위험함이 우리에게 가장 무서운 점입니다.

둘째, 컴퓨터나 스마트폰 오락을 너무 오래 하면 눈도 아프고, 어깨나 허리에도 무리가 간답니다. 눈이 갑자기 나빠져서 안경을 써야 할 수도 있고, 허리가 비틀어져서 아플 수도 있어요. 그리고 공부에 정신 집중도 안 되고, 자꾸 오락하는 생각만 나지요. 짜증이 나고 어쩐지 허둥지둥하면서 불안해지기도 하고요. 이런 증세가 심해지면, '어쩌면 내가 오락 중독에 걸렸을 수도 있어'라고 생각해 봐야 해요.

이처럼 하루에 몇 시간씩 전자기기를 손에 놓지 못하고 오락을 하는 건 아주 해롭고 위험하답니다. 엄마랑 단단히 약속하고, 정해진 시간에만 오락하도록 하는 습관을 키워야 할 거예요. 이미 중독이 생겼다고 생각이 들면, 컴퓨터나 스마트폰으로부터 멀어지기 위해 크게 용기를 내어야 해요. 기지개를 켜고 컴퓨터나 스마트폰을 용기 있게 떨치고 일어나세요! 한 번만 이런 마음을 먹고 실천해 보면, 다음 날부터는 그다지 어렵지 않게 할 수 있답니다. 이런 식으로 일주일만 지나면 오락을 하지 않는 것이 또 하나 좋은 버릇이 될 거예요.

주제찾기 **1.** 글을 쓴 까닭은 무엇인가요?

① 착한 마음을 키우기 위해
② 생각하는 마음을 기르기 위해
③ 열심히 일하는 버릇을 들이기 위해
④ 해롭고 위험한 일을 하지 않게 하려고
⑤ 좋은 버릇과 나쁜 버릇을 구별하게 하려고

글감찾기 **2.** 생각을 드러내기 위해 선택한 전자기기 두 가지의 이름을 쓰세요.

사실이해 **3.** 글에 나온 내용은 어느 것입니까?

① 컴퓨터는 위험하다.
② 전자파는 전기를 대신한다.
③ 우리 주변에는 전자파가 많다.
④ 스마트폰은 몸을 튼튼하게 한다.
⑤ 오락을 한 뒤에는 마음이 편해진다.

미루어알기 4. 글을 읽고 깨달은 점으로 알맞은 것을 고르세요.

① 우리는 전기가 흐르는 곳에서 살고 있어.

② 컴퓨터를 하지 않고도 편리하게 살 수가 있어.

③ 오락은 조금만 해도 몸과 마음을 망가뜨릴 수 있어.

④ 나쁜 버릇을 고치기 위해서는 큰 용기를 가져야 하겠어.

⑤ 큰일을 이루기 위해서는 하찮고 작은 일에서 시작해야겠어.

세부내용 5. 같은 뜻이면서 한자말과 순우리말의 짝으로 맺어진 것을 찾으세요.

① 습관 – 버릇   ② 불안 – 중독

③ 오락 – 집중   ④ 약속 – 마음

⑤ 해로움 – 위험함

적용하기 6. 오락 중독에 빠졌다고 할 수 있는 경우는 어느 것입니까?

① 까닭 없이 짜증이 난다.

② 눈이 아프고 허리가 뒤틀린다.

③ 공부해도 정신 집중이 되지 않는다.

④ 약속 시간을 지키지 못하고, 모르는 곳에 자주 간다.

⑤ 온종일 오락하는 생각만 나고, 오락하지 않으면 불안해진다.

	점 수
1~6번 문제의 점수를 더하여 총점을 쓰고 151쪽의 표에 막대그래프로 표시하세요.	

평가
요소　1. ☐　2. ☐　3. ☐　4. ☐　5. ☐　6. ☐
15점　15점　15점　20점　15점　20점

155쪽 표의 해당하는 번호에 체크하세요.

　사람들을 잠을 자지 못하게 하면서 계속 깨어 있도록 하면 어떻게 될까요? 사람은 하루만 잠을 자지 못해도 온 힘을 다해 일을 열심히 하는 힘이 떨어지고 기운이 없어지지요. 사람의 몸은 밝을 때 일하고 어두워지면 쉬도록 맞추어져 있답니다. 몸뿐만 아니라 마음도 그렇답니다. 일주일이 넘도록 잠을 자지 못한다면 기억력이 떨어지고 멍해져서, 무엇이 어떠한지, 무엇을 어떻게 해야 하는지 판단을 올바로 내릴 수도 없을 거예요.

　우리가 조금만 관심을 가지고 관찰해보면, 갓 태어난 아기들은 하루 대부분을 자면서 보냅니다. 잠자는 시간이 나이가 들면서 차츰차츰 줄어들어 초등학교에 들어갈 때쯤이면 8~9시간 정도 자게 됩니다. 사람은 정상적인 생활을 하기 위해서는 적어도 하루에 6~8시간은 잠을 자야 하죠. 온몸의 힘을 빼고 편안하게 쉴 수 있는 시간이 바로 잠자는 시간이니까요. 잠이 부족하면 성장 호르몬이 우리 몸에서 충분히 분비되지 못해서 키도 많이 크지 못한답니다.

　하루 중의 많은 시간을 잠으로 보내는 게 너무 아깝다고요? 그렇지 않아요. 잠을 자는 동안에도 뇌는 쉬지 않아요. 과학자들이 잠자는 동안 뇌를 관찰하니까, 잠을 자는 동안에도 뇌가 끊임없이 뭔가를 하고 있다는 사실을 알아냈어요. 병원에서 의사 선생님이 환자의 머리에 온통 반창고 비슷한 것을 붙여놓고 복잡한 기계에 선으로 연결한 다음 실험과 관찰을 하는 것을 보았을 거예요. 그런 관찰을 통해 잠자는 동안에도 뇌가 끊임없이 일하고 있다는 사실을 알아낸 것이에요.

　관찰해 보면, 뇌에서 '뇌파'라는 것이 나오는데, 뇌파는 뇌에서 나오는 약한 전류랍니다. 이 전류를 살펴보면 뇌의 상태를 알 수 있어요. 꿈을 꾸는 동안의 뇌는 깨어 있을 때와 마찬가지의 뇌파를 흘려보낸답니다. ㉠잠을 잘 때 비록 몸은 쉬고 있지만, 뇌는 열심히 활동하고 있는 거예요. 그러니까 밤에는 마음 편히 푹 자도록 해요. 그렇게 편히 자더라도 몸에 이상이 생기는 일은 전혀 없으며, 오히려 다음 날의 힘찬 활동에 큰 도움이 됩니다.

1. 글쓴이의 중심 생각은 무엇입니까?

① 잠은 키를 크게 한다.
② 뇌는 자는 동안에도 활동한다.
③ 깨어 있어서 세상을 바로 보아야 한다.
④ 건강하게 살려면 잠을 충분히 자야 한다.
⑤ 나이가 들수록 잠자는 시간을 줄여가야 한다.

2. 글감으로 삼은 낱말 하나를 글에서 찾아 쓰세요.

3. 하루 동안 잠을 자지 못하면 어떻게 된다고 했나요?

① 힘이 떨어지고 기운이 없어진다.
② 머리가 어지럽고 현기증이 난다.
③ 헛소리하면서 먹을 것을 찾는다.
④ 음식을 먹지 못하고 허기를 느낀다.
⑤ 걷지를 못하고 누워서 끙끙 앓는다.

미루어알기 **4.** 밤새워 일한 뒤에 낮에 피로를 떨치기 위해서는 어떻게 해야 할까요?

① 낮은 산에 올라간다.
② 빠른 걸음으로 걷는다.
③ 햇빛을 받으며 잠을 잔다.
④ 방을 어둡게 하고 충분히 잔다.
⑤ 기름진 음식을 먹고 운동을 한다.

세부내용 **5.** '자다–잠'과 같은 관계를 보여 주는 낱말의 짝을 고르세요.

① 꾸다 – 꿈   ② 온힘 – 힘
③ 크다 – 크게   ④ 길다 – 길게
⑤ 높다 – 높게

적용하기 **6.** ㉠과 같은 사실을 알 수 있도록 해 주는 말은 어느 것입니까?

① 꿈 깨다.
② 꿈에 밟히다.
③ 꿈도 못 꾸다.
④ 꿈도 야무지다.
⑤ 꿈에도 생각지 못하다.

	점 수

1~6번 문제의 점수를 더하여 총점을 쓰고 151쪽의 표에 막대그래프로 표시하세요.

평가
요소
1. ☐
15점
2. ☐
15점
3. ☐
15점
4. ☐
20점
5. ☐
15점
6. ☐
20점

155쪽 표의 해당하는 번호에 체크하세요.

(가) 대부분의 사람은 키가 컸으면 하고 바라지요. 키가 크기 위해서는 부모로부터 타고나야 하는 것도 있지만, 스스로 노력으로 조금 더 키를 크게 할 수도 있어요. 키를 크게 하고 싶으면 무엇보다도 습관을 고치는 것이 중요해요.

(나) 여러 가지 음식을 고르게 먹어 영양을 섭취하기보다는 자기가 좋아하는 음식만 먹는 것이 키 크는 데 나쁜 영향을 끼치는 경우가 있어요. 특히 튀긴 음식은 몸에 나쁜 지방이 많아 건강에 해로운데도 이런 음식만 즐기는 사람들이 있어요. 이런 사람은 습관을 고쳐서, 키 크는 데 도움이 되는 콩, 귤, 고기, 우유, 채소, 과일 등을 많이 먹어야 해요. 한창 키가 클 때는 단백질을 보통 때보다 3배 정도 더 섭취해야 하거든요.

(다) 잠도 잘 못 자고 운동도 꾸준히 안 하고 있다면 그런 습관도 고쳐야 해요. 키가 크기 위해서는 영양분이 많은 음식을 충분히 섭취하는 것은 물론이고, 열심히 운동하고 잠을 충분히 자는 게 중요해요. 키를 크게 하는 성장 호르몬은 잠이 든 지 한 시간 이후부터 네 시간 동안 가장 많이 분비된다고 해요. 뼈는 자는 동안 나오는 성장 호르몬에 의해서 90% 이상 성장한다고 해요.

(라) 그리고 바른 자세도 매우 중요해요. 바른 자세란 무엇이든 좋다고 생각하는 정신 자세와 허리를 펴고 다니는 몸의 바른 자세를 말해요. 간추려 보면, 밥도 굶고 운동도 안 하고 잠도 늦게 자는 건 키가 크는데 전혀 바람직하지 않아요. 긍정적인 마음가짐으로 제 할 일을 제대로 하면서 규칙적으로 생활하는 것이 키 크는 데 도움이 되어요.

(마) 모든 사람은 각자 생김새가 달라요. 또 키와 얼굴의 크기, 손과 발의 크기 등도 다르지요. 이렇게 남과 다른 것을 틀리다고 해서는 안 되지요. 잘못이라고 해서는 더욱이나 안 되고요. 작은 키도 나만의 개성이 될 수 있어요. 그러니 키가 작다고 움츠러들지 말고 지금의 내 모습 그대로를 사랑하고 존중해 주세요.

주제찾기 **1.** 글에서 풀려고 한 문제는 무엇입니까?

　① 키는 언제 크게 자라나요?

　② 누구나 키가 크기를 바라나요?

　③ 키가 크려면 어떻게 해야 하나요?

　④ 음식은 무엇이든 키 크는 데 좋은가요?

　⑤ 잠을 충분히 자는데도 키가 안 크기도 하는가요?

제목찾기 **2.** 문제를 풀기 위해 글에 드러낸 방법을 간추린 다음 구절의 빈칸에 알맞은 낱말을 글에서 찾아 쓰세요.

> 잘못된 □□을 고치려는 노력

사실이해 **3.** 키가 크는 데 도움이 되는 것을 고르세요.

　① 잠을 일찍 자지 않는다.

　② 좋아하는 음식만 골라 먹는다.

　③ 운동은 하고 싶은 때 오래 한다.

　④ 튀김 등의 즉석 음식을 즐겨 먹는다.

　⑤ 콩, 귤, 고기, 우유, 채소 등을 많이 먹는다.

미루어알기

4. 글을 읽어 보았을 때, 키가 크는 데 필요한 두 가지의 조건 중, 서로 큰 영향을 끼치는 짝은 어느 것입니까?

① 유전과 잠　　　　　　　② 잠과 음식

③ 운동과 잠　　　　　　　④ 음식과 자세

⑤ 운동과 자세

세부내용

5. 중심 내용에서 벗어난 내용이어서 생략하는 편이 나은 문단은 어느 것인가요?

① (가)　　② (나)　　③ (다)　　④ (라)　　⑤ (마)

적용하기

6. 아래의 글을 읽어 보았을 때, 오늘날 사람들이 키가 크는데 쉽게 갖출 수 없는 것은 무엇입니까?

> 사람이 키가 크기 위해서는 잠, 음식, 운동, 바른 자세 등 4가지 조건이 필요하다. 이 조건이 갖춰질 때 성장 호르몬이 가장 잘 분비되어 키가 큰다. 그런데 이들 조건 중, 돈이 없으면 쉽게 갖출 수 없는 것이 있다.

① 잠　　　　　　　② 음식　　　　　　　③ 운동

④ 바른 자세　　　　⑤ 타고나는 것

점 수

1～6번 문제의 점수를 더하여 총점을 쓰고 151쪽의 표에 막대그래프로 표시하세요.

평가요소

1. ☐ 15점 | 2. ☐ 15점 | 3. ☐ 20점 | 4. ☐ 20점 | 5. ☐ 15점 | 6. ☐ 15점

155쪽 표의 해당하는 번호에 체크하세요.

선생님: 우리가 사는 지구 곳곳에서 발생하는 어려운 일들로 전쟁, 굶주림, 환경[1] 문제 등이 있어. 이런 문제는 전 세계 사람들이 함께 힘을 모아야만 해결할 수 있는 문제라고 할 수 있어. 선생님은 이 중에서도 환경 문제가 심각하다고 생각해. 환경이 더럽혀지고 망가지면 우리가 지구에서 살아가기도 어렵게 될 테니까 그렇지. 사실 환경을 보호하자면 우리는 차도 타면 안 되고 전기를 쓰는 것도 좋지 않지. 그런데 과연 이렇게 환경을 보호하는 것이 옳은 방법일까?

덜렁이: 저는 필요한 물건을 사용하면서 숲을 보존하는 방법을 생각해 보았어요. 필요한 물건을 전혀 사용하지 않고 원시인처럼 살 수는 없으니까요. 조금의 불편을 참아가면서 환경을 보호하는 방법을 찾아야 하지요. 나무로 만든 물건을 쓰느냐, 그런 물건을 아예 쓰지 않고 숲을 보호하느냐는 문제도 마찬가지라고 생각해요. ㉠물건을 사용하면서 숲을 보호하는 방법을 찾아야 해요. 사람들이 생각으로 떠올릴 방법과 실천할 방법으로 나누어 생각해 볼 수 있어요. 사람들이 생각으로 떠올릴 방법은 꾸준한 가르침을 통해 사람들이 조금 더 불편하게 사는 것을 힘들어하지 않게 하는 방법이에요. 냉난방을 조금 덜 하고, 조금 더 걷는 등 아껴 쓰고, 덜 쓰는 습관을 기르는 것이지요.

깔끔이: 저는 실천할 방법을 이야기할게요. 첫째, 나무로 만든 물건들을 아껴 쓰고 일회용품을 쓰지 않아야 해요. 특히 종이컵이나 나무젓가락 같은 일회용품은 쓰지 않아도 큰 불편은 없다고 생각해요. 둘째, 될 수 있는 대로 나무를 많이 심어야 해요. 나무는 산소를 공급할 뿐만 아니라 사람들의 마음을 편안하게 해 주어요. 셋째, 나무를 대신할 다른 재료를 빨리 개발하는 것이에요. 예를 들면 나무는 건축자재로 인기가 있어요. 나무보다 더 친환경적이고 오래가고 값이 싼 재료를 개발하면 나무를 베어 숲이 파괴되는 일을 줄일 수 있을 거예요.

Note [1] 1. 생물에게 직접·간접으로 영향을 주는 자연적 조건이나 사회적 상황. 2. 생활하는 주위의 상태.

1. 선생님이 학생들과 함께 생각해 본 문제는 무엇인가요?

① 전쟁   ② 환경   ③ 질병
④ 굶주림   ⑤ 다문화

글감찾기 **2.** 학생들이 구체적으로 의견을 말한 내용이 무엇인지 빈칸을 채워 답하세요.

□을 □□하는 방법

사실이해 **3.** 글에 나온 내용은 어느 것인가요?

① 환경이 더러워지면 병에 걸리기 쉽다.
② 환경이 망가지면 지구를 떠나서 살아야 한다.
③ 지구 곳곳에 해결하기 어려운 일들이 생기고 있다.
④ 필요한 물건을 아예 쓰지 않으면 환경을 보존할 수 있다.
⑤ 가르침을 통해 사람들은 불편하게 사는 것을 힘들어하지 않는다.

미루어알기

4. 글에서 다룬 문제는 어떤 생각을 바탕으로 이루어진 것으로 볼 수 있나요?

① 날이 갈수록 사람이 많아진다.
② 공장의 연기로 공기가 더러워진다.
③ 길이 나면서 숲이 점점 없어져 간다.
④ 물건의 재료는 언젠가 없어지게 된다.
⑤ 사람들이 많이 사는 곳에는 다툼이 있다.

세부내용

5. ㉠에서 떠올릴 수 있는 속담은 무엇입니까?

① 꿩 먹고 알 먹고 ② 달걀로 바위 치기
③ 낫 놓고 기역 자 모른다. ④ 말로 주고 되로 받는다.
⑤ 무쇠도 갈면 바늘 된다.

적용하기

6. 아래의 물음에 알맞은 답은 어느 것인가요?

> 좀 더 구체적으로 나무를 생각해 보자. 나무는 종이나 연필, 가구 등 우리 생활에 필요한 물건을 만드는 재료지. 그런데 산소를 공급하는 숲을 보호하려면 나무를 베면 안 돼. 종이나 연필도 쓰고, 숲도 보존하는 방법은 없을까?

① 절약 정신을 강조한다. ② 일회용품을 쓰지 않는다.
③ 나무 대신 석탄을 사용한다. ④ 종이나 연필을 사용하지 않는다.
⑤ 산소 없이 살 수 있도록 노력한다.

	점 수
1~6번 문제의 점수를 더하여 총점을 쓰고 151쪽의 표에 막대그래프로 표시하세요.	

| 평가요소 | 1. ☐ 15점 | 2. ☐ 15점 | 3. ☐ 15점 | 4. ☐ 20점 | 5. ☐ 20점 | 6. ☐ 15점 |

156쪽 표의 해당하는 번호에 체크하세요.

평화롭던 동물 마을에 큰 소동이 벌어졌어요. 숲 한가운데에 넓은 찻길이 생긴 거예요. 그 ㉠바람에 마을 밖으로 나가는 길이 끊겨 버렸어요. 쌩쌩 달리는 자동차가 무서워서 찻길을 건널 수가 없었거든요. 무리하게 길을 건너려다가 크게 다치거나 죽는 동물들도 생겨났어요. 동물들은 모두 걱정이 커졌어요.

고라니가 한숨을 푹 쉬며 말했어요.

"큰일이야, 이래서는 먹이를 구하러 갈 수가 없어."

그러자 들고양이도 훌쩍이며 말했어요.

"나는 헤어진 가족을 만나고 싶어."

두꺼비가 부럽다는 눈초리로 종달새를 바라보며 말했어요.

"새들은 좋겠다. 훨훨 날아서 찻길을 넘어갈 수 있으니까."

그러자 종달새가 머리를 휘휘 저으며 말했어요.

"우리도 안전하지 않아. 찻길 근처에서 낮게 날면 차가 일으키는 바람에 휘말리기 쉽거든. 나도 위험할 뻔했다고."

다람쥐는 차가 씽씽 달리는 찻길을 바라보며 말했어요.

"어떻게 하면 안전하게 마을 밖으로 나갈 수 있을까?"

동물들은 고민에 빠졌어요.

주제찾기 **1.** 어떤 사건이 가장 중요합니까?

① 동물 마을에 찻길이 생겼다.
② 숲속이 갑자기 소란스러워졌다.
③ 길을 건너던 동물들이 크게 다쳤다.
④ 숲에 사는 길짐승들의 먹이가 없어졌다.
⑤ 큰길을 가던 차가 회오리바람을 일으켰다.

제목찾기   **2.** 빈칸을 채워 글의 제목을 붙이세요.

☐☐ 마을에서 생긴 일

사실이해   **3.** 이야기에 등장하지 <u>않은</u> 동물은 무엇입니까?

① 고라니   ② 다람쥐
③ 종달새   ④ 개구리
⑤ 들고양이

미루어알기   **4.** 말한 사람의 마음을 짐작할 수 있도록 하는 말은 어느 것입니까?

① 먹이를 구하러   ② 한숨을 푹 쉬며
③ 길을 건너려다가   ④ 종달새를 바라보며
⑤ 바람에 휘말리기 쉽거든

세부내용   **5.** ㉠바람과 같은 뜻으로 쓰인 것을 고르세요.

① 바람이 분다.   ② 바람이 시원하다.
③ 시골 바람은 상쾌하다.   ④ 비가 오는 바람에 젖었다.
⑤ 눈과 바람이 얼굴에 몰아쳤다.

적용하기   **6.** 동물들의 고민을 덜어줄 방법은 어느 것입니까?

① 길을 건너지 않도록 가르친다.
② 동물들이 떼를 지어 가도록 한다.
③ 움직임이 빠른 동물만 마을에 남긴다.
④ 어른 동물들이 어린이 동물을 이끌게 한다.
⑤ 큰길 아래쪽에 안전한 통로를 새로 만들어준다.

점 수

1~6번 문제의 점수를 더하여 총점을 쓰고 152쪽의 표에 막대그래프로 표시하세요.

| 평가 요소 | 1. ☐ 20점 | 2. ☐ 20점 | 3. ☐ 15점 | 4. ☐ 15점 | 5. ☐ 15점 | 6. ☐ 15점 |

156쪽 표의 해당하는 번호에 체크하세요.

따뜻한 할머니의 품, 보송보송한 털을 가진 새끼 양, 나를 위해 준비된 푹신한 이불……. 포근함은 보드랍고 따뜻해서 편안한 기분이야. 우리는 동물이나 사람, 물건, 때로는 따뜻한 겨울바람에서도 포근함을 느낄 수 있어. 포근함은 정이나 가깝다는 느낌, 그리고 안아주고 싶은 느낌과 비슷해. 포근함은 어디에 있을까? 포근함은 너의 마음 안에 있단다. 떨고 있는 작은 토끼나 울먹이는 친구를 보면 포근하게 안아주고 싶어지지.

어떤 사람이 마음에 들지 않고 거슬릴 때가 있지. 그런 마음을 미움이라고 한단다. 놀이터에서 함께 놀던 친구가 내 장난감을 망가뜨렸다면? 아껴 뒀다 먹으려던 간식을 동생이 먹어버렸다면? 친구도 밉고, 동생도 밉다는 생각이 들 거야. 미움은 얼마나 오래갈까? 어떨 땐 미움이 오랫동안 계속되기도 해. 그렇지만 잠깐 머물다 가는 경우도 있어. 간식을 빼앗겨 속상한 마음에 동생이 밉기도 하지만 곧 용서하고 (㉠   ) 안아 줄 수도 있지.

기쁨은 신나는 일들 때문에 생겨. 정말 좋은 기분이지. 아빠에게 칭찬을 받았을 때, 맛있는 간식을 먹었을 때, 네가 꼭 가지고 싶던 장난감을 갖게 되었을 때……. 우리는 하루에도 셀 수 없을 만큼 기쁨을 만날 수 있어. 기쁜 순간에는 어떤 일들이 일어날까? 힘이 샘솟고, 뭐든지 할 수 있다는 생각이 들 거야. 허공을 향해 뛰어오르고 싶어지고, 손뼉을 치고 싶어지기도 할 거야.

이 세상은 색깔, 냄새, 소리 같은 것들로 가득 차 있어. 어떤 것은 우리에게 포근함을 느끼게 하고, 어떤 것은 사랑스러움을 느끼게 하지. 반대로 좋은 감정을 빼앗아 가는 것도 있단다. 우리는 짜증이 나게 하는 것들이 있어. 괴롭히기도 하고, 마음속 깊이 들어와 나쁜 생각에서 벗어나지 못하게 만들지. 고양이의 울음소리가 너를 미소 짓게 할 수도 있지만, 하루 종일 계속해서 울고 있다면 어떨까? 짜증이 나면 어떤 일들이 생길까? 기분 좋게 웃을 수 없을 거야. 하기 싫은 것을 계속해야 하거나, 더 듣고 싶지 않은 소리를 계속 들어야 할 때 너는 짜증이 날 거야. 네가 더는 참을 수 없다고 느끼기 시작할 때부터 말이야.

주제찾기   **1.** 중심 내용을 정리하여 빈칸을 채우세요.

> □□을 나타내는 여러 가지 말의 의미와 특징

제목찾기   **2.** 글에 알맞은 제목을 고르세요.

① 마음의 색깔　　　　　　　② 편안한 기분

③ 안아주고 싶은 느낌　　　　④ 용서하고 안아주는 마음

⑤ 긍정적인 생각과 넘치는 힘

사실이해   **3.** 글에서 다루어지지 <u>않은</u> 마음은 어느 것입니까?

① 미움　　　　　② 기쁨　　　　　③ 짜증

④ 뉘우침　　　　⑤ 포근함

미루어알기   **4.** ㉠에 들어갈 알맞은 낱말은 무엇입니까?

① 속상하게　　　② 칭찬하며　　　③ 포근하게

④ 신나서　　　　⑤ 기뻐서

세부내용   **5.** 글에서 떠올릴 수 <u>없는</u> 물음을 고르세요.

① 포근함은 어디에 있을까?

② 미움은 얼마나 오래갈까?

③ 짜증이 나면 어떤 일들이 생길까?

④ 기쁜 순간에는 어떤 일이 일어날까?

⑤ 네 마음이 외치는 소리를 들어본 적이 있니?

적용하기   **6.** 선생님의 칭찬을 받았을 때의 마음 두 가지를 모아 놓은 것을 고르세요.

① 사랑, 미움　　　② 기쁨, 신남　　　③ 미움, 신남

④ 사랑, 뉘우침　　⑤ 뉘우침, 포근함

	점 수
1~6번 문제의 점수를 더하여 총점을 쓰고 152쪽의 표에 막대그래프로 표시하세요.	

| 평가요소 | 1. ☐ 15점 | 2. ☐ 15점 | 3. ☐ 15점 | 4. ☐ 20점 | 5. ☐ 20점 | 6. ☐ 15점 |

156쪽 표의 해당하는 번호에 체크하세요.

아영이는 학교에서 친구들과 공기놀이를 하였어요.

빨강, 초록, 공기 알을 보니 문득 방울토마토 이름 짓는 것 깜빡한 게 떠올랐어요. 아영이는 친구들에게 물어보았어요.

"영미야, 우리 집 방울토마토 이름을 지어 줘야 하는데, 뭐가 좋을까?"

"글쎄, 방울이? 아니면 빨강이?"

영미는 방울토마토에 별로 관심이 없나 봐요. 공기놀이를 하면서 건성**❶**으로 대답을 하네요. 살짝 서운한 마음이 들었어요.

"빨강이는 안 될 것 같아. 아직 어려서 초록색이거든."

집에 오자마자 베란다로 달려갔어요. 반나절 사이에 많이 토실토실해진 것 같아요.

"얘들아, 잘 놀았어? 하루 종일 매달려 있느라 힘들진 않았니?"

봄바람이 살랑살랑 불어오니 방울토마토 삼 형제가 흔들흔들 괜찮다고, 즐겁게 잘 놀고 있었다고 고개를 끄덕이는 것 같아요.

"얘들아, 나는 오늘 좀 슬펐어. 친구들에게 너희들 자랑을 하려고 했는데 다들 별로 관심이 없는 거야. 재현이는 토마토가 싫다고 하고, 영미는 공기놀이만 좋아하고……. 너희가 말을 할 수 있으면 참 좋을 텐데, 나는 혼자라서 가끔 외롭거든."

방울토마토에게 이런저런 얘기를 하니까 신기하게도 ㉠기분이 조금 풀리는 것 같아요. 내 마음속 비밀을 털어놓을 수 있는 비밀 친구가 생긴 것 같기도 하구요. 이제 힘든 일이 있으면 방울토마토 삼 형제에게 얘기해야겠어요. 그럼 오늘처럼 나를 위로해 주겠죠?

Note   **❶** 1. 어떤 일을 성의 없이 대충 겉으로만 함. 2. 진지한 자세나 성의 없이 대충 하는 태도.
❷ 한 회의 장소에 모인 모든 사람이 같은 의견에 도달함.

저녁밥을 먹은 우리 가족은 방울토마토 삼 형제 이름 짓기 가족회의를 열었어요.

"그럼 이제 아영이 차례네. 두구두구두구 개봉 박두!"

"한영이, 두영이, 세영이……."

다른 친구들을 보니까 동생이나 언니, 오빠랑 이름 한 글자씩 똑같더라고요. 은비랑 은채, 재현이랑 재성이 오빠, 현아랑 영아 언니……. 그래서 내 이름에 있는 '영' 자에다 하나, 둘, 셋을 붙인 거예요.

"우리 아영이의 '영'자를 돌림자로 썼구나."

"와, 제법 기발한데? 아영이랑 방울토마토가 진짜 가족이 된 것 같네. 하하하."

이렇게 해서 만장일치²로 방울토마토 삼 형제의 이름이 한영이, 두영이, 세영이로 확정되었어요. 내 ⓛ아이디어가 뽑히니까 기분이 좋아요.

주제찾기 **1.** 중심 내용을 알맞게 간추린 것은 어느 것입니까?

① 학교에서 있었던 일
② 친구들로부터 느낀 서운함
③ 방울토마토를 기르면서 느낀 점
④ 가족회의를 통해 확인한 아빠의 사랑
⑤ 이름 짓기를 둘러싸고 일어난 마음의 변화

글감찾기 **2.** 이야기를 펼치기 위해 선택한 물건을 글에서 찾아 쓰세요.

사실이해 **3.** 말을 가장 자주 한 사람은 누구입니까?

① 아영 　　② 영미 　　③ 재현
④ 엄마 　　⑤ 아빠

미루어알기 **4.** ㉠의 속뜻으로 알맞은 것을 고르세요.

① 기쁜 마음을 감출 수 없어.
② 사랑의 감정이 생겨나는 것 같아.
③ 슬프고 외로운 마음이 덜어지는 것 같아.
④ 더불어 살아가는 즐거움을 마음껏 누릴 수 있어.
⑤ 내게도 형제, 자매가 있다는 사실을 깨달을 수 있었어.

세부내용 **5.** ㉡과 바꾸어 쓰기에 알맞은 낱말은 어느 것입니까?

① 마음   ② 생각   ③ 이름
④ 느낌   ⑤ 열매

적용하기 **6.** 다음의 경우에 떠올릴 수 있는 마음은 무엇입니까?

> 친구에게 색종이를 빌려 달라고 했는데 듣지도 않고 얼굴을 딴 데로 돌려버렸다.

① 기쁘다   ② 즐겁다   ③ 고맙다
④ 서운하다   ⑤ 부끄럽다

점 수
1~6번 문제의 점수를 더하여 총점을 쓰고 152쪽의 표에 막대그래프로 표시하세요.

　어느 시골 마을에 양치기 소년이 살고 있었어요. 하루 종일 언덕에서 혼자 양 떼를 지키고 있자니, 여간 지루한 일이 아니었어요. 어느 날, 양치기 소년은 마을을 향해 크게 소리쳤어요.

　"늑대다! 늑대가 나타났다!"

　마을의 어른인 촌장님이 종을 울리니, 놀란 마을 사람들이 삽이며 곡괭이를 들고, 언덕으로 달려왔어요.

　"물리지는 않았니? 늑대는 어디 있어?"

　"하하하, 심심해서 장난친 거예요."

　마을 사람들은 양치기 소년에게 속은 걸 알고 화를 내며 돌아갔답니다.

　다음 날, 양치기 소년은 마을을 향해 다시 소리쳤어요.

　"늑대다! 늑대가 나타났다!"

　이번에도 촌장님과 마을 사람들이 달려왔죠.

　하지만 늑대는 보이지 않았어요.

　마을 사람들은 화를 내며 다시 돌아갔어요.

　㉠다음 날이었어요. 언덕에 진짜 늑대가 나타난 거예요.

　"늑대다! 늑대가 나타났다!"

　양치기 소년은 크게 소리쳤어요.

　"흥, 또 속을 줄 알고……."

　마을 사람들은 아무도 언덕으로 달려가지 않았답니다.

　촌장님도 더는 마을 사람들을 불러내지 못하였습니다.

　늑대는 무서운 이빨로 양들을 모두 잡아먹었어요. 양치기 소년은 그제야 거짓말한 것을 뉘우쳤지만 이미 늦은 일이었어요.

1. 이 이야기에서 얻을 수 있는 가르침은 무엇입니까?

    ① 촌장은 마을을 잘 다스려야 한다.

    ② 마을 사람들은 서로를 믿어주어야 한다.

    ③ 사람들은 서로 의견을 소중하게 받아들여야 한다.

    ④ 사람은 잡아먹히려는 약한 짐승들을 돌보아 주어야 한다.

    ⑤ 여러 번 거짓말하면 참말을 해도 사람들이 믿을 수 없게 된다.

2. 주인공의 이름으로 글의 제목을 붙여보세요.

□□□ □□

3. 이야기가 어떤 내용으로 끝났습니까?

    ① 소년이 양을 지켰다.

    ② 늑대가 양 떼를 공격했다.

    ③ 소년이 늑대가 나타났다고 외쳤다.

    ④ 늑대가 나타나서 양을 모두 잡아먹었다.

    ⑤ 촌장이 마을 사람들과 소년에게 벌을 주었다.

미루어알기 4. 글에서 떠올릴 수 <u>없는</u> 장면은 어느 것입니까?

① 그늘에서 졸고 있는 양치기 소년
② 촌장님의 종소리에 모여드는 사람들
③ 삽이며 곡괭이를 들고 달려가는 사람들
④ 늑대가 나타났다고 소리 지르는 양치기 소년
⑤ 무서운 이빨을 드러내며 양을 모두 잡아먹는 늑대

세부내용 5. ㉠이 알려주는 내용은 무엇입니까?

① 일이 생긴 곳
② 시간이 바뀌었음
③ 장소가 변화하였음
④ 조바심치고 있는 마음
⑤ 일이 좋은 방향으로 풀려감

적용하기 6. 이 이야기가 속한 갈래의 이름은 '우화'입니다. 우화를 지을 때는 어떤 특징이 드러나도록 해야 할까요?

① 어린이가 알 수 있도록 말을 골라야 한다.
② 어린이나 소년이 주인공이 되도록 꾸며야 한다.
③ 동물을 끌어들여 사람들에게 가르침을 주어야 한다.
④ 하나의 일만 일어나서 쉽게 해결될 수 있도록 해야 한다.
⑤ 시골 마을을 무대로 삼아 꾸밈없는 사람들의 마음을 보여 줘야 한다.

점 수

1~5번 문제의 점수를 더하여 총점을 쓰고 152쪽의 표에 막대그래프로 표시하세요.

평가
요소
1. ☐
20점
2. ☐
15점
3. ☐
15점
4. ☐
15점
5. ☐
20점
6. ☐
15점

156쪽 표의 해당하는 번호에 체크하세요.

치과 의사 드소토 선생님은 이 고치는 솜씨가 아주 좋았어요. 그래서 늘 환자들이 줄을 섰지요. 선생님은 자기와 몸집이 비슷한 두더지나 얼룩다람쥐 같은 동물들은 치과 의자에 앉혔고요, 몸집이 큰 동물들은 바닥에 앉혔어요. 그러면 선생님이 사다리를 타고 올라가서 치료해 주었지요. 선생님은 쥐라서, 쥐에게 위험한 동물을 치료하지 않았어요. 그런 말은 간판에도 쓰여 있었지요. 그래서 현관의 종이 울리면 선생님과 부인은 창밖을 내다보았어요. 그리고는 아무리 겁 많아 보이는 고양이라도 병원 문을 열어 주지 않았어요.

"제발 도와주세요! 이가 너무 아파요!"

여우가 엉엉 울면서 말했어요. 정말 딱해 보였어요.

"잠깐만 기다려 봐요."

선생님은 이렇게 여우에게 말한 다음, 부인에게 작은 소리로 물었어요.

"참 딱한 여우로군, 여보, 어떻게 하면 좋겠소?"

"위험하지만 한번 해 봐요, 우리."

부인이 말했어요. 그리고는 여우에게 문을 열어 주었어요.

드소토 선생님은 용감하게도 여우의 입안으로 들어갔어요.

"아프지만 않게 해 주세요." / 여우는 울면서 말했어요.

"자, 이 가스를 들이마셔요. 그러면 내가 이를 뽑아도 하나도 아프지 않을 겁니다." / 드소토 선생님이 말했어요. 여우는 곧 꿈나라로 빠져들었어요.

"음, 음, 음냐음냐……. 날로 먹으면 정말 맛있을 거야. 소금을 솔솔 뿌리고" 하고 여우는 잠꼬대를 했어요.

선생님 부부는 여우가 무슨 꿈을 꾸는지 알 수 있었어요.

드소토 선생님은 썩은 이에 실을 붙들어 맸어요. 그러고 나서 부인하고 도르래를 돌리기 시작했어요. 마침내 이가 쑥 뽑혀 나와 공중에 대롱대롱 매달렸어요.

"피가 나요!" / 정신을 차린 여우가 컹컹 울부짖었어요. 드소토 선생님은 얼른 사다리를 타고 올라가 이 뺀 구멍을 솜뭉치로 막았어요.

"자, 이제는 아프지 않을 겁니다. 내일 새 이를 넣어 드리겠습니다. 열한 시 정각에 오십시오."

선생님은 말했어요. 여우는 멍한 표정으로 인사를 하고 병원을 나왔어요. 집에 가면서 여우는 '내일 치료가 끝나고 의사 선생님을 잡아먹으면 나쁜 일일까 아닐까?' 하고 생각해 보았어요.

여우가 간 뒤, 선생님 부부는 자신들을 지키기 위해 ㉠이야기하고 또 이야기하면서 계획을 세웠습니다.

다음 날 아침, 정확하게 열한 시에 여우가 아주 명랑한 얼굴로 나타났어요. 이는 하나도 아파 보이지 않았어요.

드소토 선생님이 여우의 입안으로 들어가자, 여우가 갑자기 입을 탁 다물었어요. 조금 뒤, 여우는 다시 입을 벌리면서 / "장난이에요, 헤헤!" 하고 웃어댔어요.

"장난치지 말아요. 지금 치료를 하고 있으니까."

선생님이 호되게 말했어요. 부인은 새 이를 힘겹게 들고 올라왔어요.

"아직 안 끝났습니다." / 선생님은 커다란 병을 들어 올리면서 말했어요.

주제찾기 **1.** 이야기의 중심 줄거리는 무엇입니까?

① 지혜로운 치과 의사 선생님이 짐승들을 치료해 주었다.
② 여우가 아파서 우는 모습을 보고 치료를 해 주기로 허락하였다.
③ 여우는 열심히 치료하는 선생님 성의를 저버리고 엉뚱한 짓을 하였다.
④ 드소토 선생님이 동물들의 이를 치료하는 동안 아내 쥐는 간호사가 되어 주었다.
⑤ 여우가 자신을 치료해준 선생님을 잡아먹으려고 하자 자신을 보호하기 위해 궁리를 하였다.

제목찾기 **2.** 등장인물의 이름으로 제목을 붙이세요.

| □□ | □□ | □□□□ | □□□ |

사실이해 **3.** 가장 먼저 일어난 일은 무엇입니까?

① 여우가 치과를 찾아왔다.
② 선생님이 병원 문을 열어주었다.
③ 부인이 문을 열어주지 않겠다고 말했다.
④ 여우의 이가 빠진 구멍을 솜뭉치로 막았다.
⑤ 선생님이 여우에게 약속한 새 이를 끼워주었다.

미루어알기 **4.** 여우가 잠꼬대를 하면서 떠올린 생각은 무엇일까요.

① 몹시 배가 고프다.
② 치과에 자주 와야 편하다.
③ 의사 부부를 잡아먹어야겠다.
④ 잠을 자고 나면 치료가 끝나있겠다.
⑤ 집에 돌아가면서 의사 부부를 기억한다.

세부내용 **5.** ㉠을 대신할 수 있는 말을 고르세요.

① 밤새 같은 말을 거듭하면서
② 부부가 이야기를 번갈아 하면서
③ 꼬리를 물고 이야기를 이어가면서
④ 가장 좋은 방법이 무엇인지 따지면서
⑤ 날이 샐 때까지 서로 이야기를 주고받으면서

적용하기 **6.** 여우를 향해 할 수 있는 알맞은 말은 어느 것입니까?

① 갈 길이 구만리인데.　　② 빛 좋은 개살구라던데.
③ 원님 덕에 나팔 분다고.　　④ 은혜를 전혀 모르는군
⑤ 변덕이 죽 끓듯 하는 놈이군.

점 수

1~6번 문제의 점수를 더하여 총점을 쓰고 152쪽의 표에 막대그래프로 표시하세요.

[앞의 줄거리] 개미 마을에 흉년이 계속되어 일개미들이 아무리 열심히 일해도 광이 비어가기 시작했습니다. 그러던 어느 날, 어린 일개미가 아주 큰 먹이를 보았고, 이내 두꺼운 갑옷을 입고 있는 것 같은 큰 먹이를 차지하려고 개미떼가 새까맣게 달라붙었습니다. 늙은 개미가 나서서 일개미들을 물러서게 하더니, 큰 먹이를 보고서 그것이 매미라고 했습니다.

"이상하다. 매미라면 우리가 땀 흘려 일할 때 시원한 나무 그늘에서 온종일 노래나 부르는 팔자 좋은 놈일 텐데, 이 깜깜한 땅속에서 뭘 하지?"

"날개도 없잖아!"

"생긴 것이 달라, 이건 매미가 아닐 거야."

개미들이 시끄럽게 떠들었습니다.

"조용히 들어라. 이건 틀림없는 매미란다. 매미는 한여름을 시원한 나무 그늘에서 노래 부르기 위해 몇 년이나 어두운 땅속에서 날개와 목청을 다듬는단다. 보아하니, 이 매미는 5년도 넘게 참고 기다렸겠는데? 내 짐작이 틀림없다면 7년은 족히 됐을라. 한여름의 노래를 위해서 7년을……."

개미들은 7년이 그저 기나긴 시간이라는 것밖에는 그것이 얼마만 한 동안인지를 짐작도 할 수 없습니다. 여태껏 그들이 살아온 동안의 몇 곱절이나 되기 때문입니다.

"우리가 땀 흘려 일하는 동안, 마치 '용용 죽겠지.' 하는 것처럼 팔자 좋게 노래나 부르는 매미는 우리들의 먹이가 돼도 싸요. 어서 우리 마을의 광 속으로 나르라고 명령을 내리세요."

늙은 개미는 젊은 개미들이 좀 더 생각할 수 있게 먹이 앞을 막아서며 말했습니다.

"매미는 그 한 철의 노래를 위해 7년이나 어둠과 외로움 속에서 자기의 재주를 갈고닦았는데도……."

젊은 개미가 투덜댔습니다.

"노력하려면 우리처럼 먹이를 위해서 해야지, 아무짝에도 쓸모없는 그까짓 노래를 위해 7년 아니라 10년을 했어도 대단할 게 뭐 있담."

그러자 또 다른 개미들이 여기저기서 한마디씩 하는 소리가 들렸습니다.

"나는 매미의 노랫소리가 참 듣기 좋았는데, 일하는 고달픔이 가실 만큼……."

"나도야, 매미의 노래를 들으며 나는 처음으로 땅 위의 여름이 얼마나 아름다운가를 알았어."

"나도 네 기분을 알 것 같아. 언젠가 친구들하고 뙤약볕 아래에서 송충이 한 마리를 끄느라 애를 쓰고 있었는데, 매미 소리가 들리잖아? ㉠여름의 산과 들이 햇빛에 빛나는 걸 정신없이 바라볼 수 있었던 건 순전히 매미의 노래 때문이었어."

"그렇담 이 매미를 살려 주란 소리가 되잖아. 가만있자, 이게 정말 매미일까? 이 두루뭉수리❶ 갑옷 속에서 꿈틀대는 게."

"아닐 거야. 높은 나무로 날아오를 날개도, 아름다운 소리를 내는 악기도 보이지 않는걸. 무엇보다도 이게 매미라면 햇빛을 찾아 땅 위로 나갈 수가 있어야 할 텐데, 그걸 못 하고 우리의 포로가 된 것만 봐도 이건 매미가 아닌 게 분명해."

개미들은 또다시 술렁거리기 시작하였습니다.

주제찾기

1. 글의 중심 내용을 아래의 구절로 표현했습니다. 빈칸에 알맞은 낱말을 쓰세요.

> 새로 발견한 □□를 둘러싸고 벌어진 □□들 사이의 다툼

Note ❶ 본뜻: 형태가 없이 함부로 뭉쳐진 물건을 이르는 말.
바뀐 뜻: 말이나 행동이 이것도 아니고 저것도 아니어서 또렷하지 못한 사람을 가리키는 말.

제목찾기 2. 매미의 처지에 어울리는 이 글의 제목으로 알맞은 것은 무엇인가요?

① 7년 동안의 잠 ② 날개 없는 매미
③ 두껍게 입은 갑옷 ④ 늙은 개미의 지혜
⑤ 매미를 살린 늙은 개미

사실이해 3. 개미들은 무엇 때문에 다툼을 시작했는가요?

① 개미 마을의 흉년 ② 일개미가 매미를 발견함
③ 매미가 나무에서 노래를 부름 ④ 개미들이 땀 흘려 일함
⑤ 매미가 개미들을 부름

미루어알기 4. ㉠의 바탕에는 어떤 마음이 깔려있습니까?

① 슬픔 ② 부러움 ③ 미움
④ 기쁨 ⑤ 두려움

세부내용 5. 젊은 개미가 발견한 먹이를, 매미가 아니라고 한 까닭은 무엇입니까?

① 먹이를 잃어버릴까 봐서
② 늙은 개미의 말을 못 믿어서
③ 날개도, 노래하는 악기도 없어서
④ 햇빛을 찾아 땅 위로 나가는 길을 몰라서
⑤ 다른 일개미들의 꾐에 빠져 먹이를 놓칠 것 같아서

적용하기 6. 이야기를 다 읽고 나서 떠올린 바람직한 생각은 어느 것입니까?

① 이웃과 다퉈서는 안 돼.
② 연세 많은 분을 존경해야 해.
③ 자기 힘만 믿고 덤벼서는 안 돼.
④ 힘들고 지치더라도 남을 해치지 말자.
⑤ 모든 생명은 나름대로 고귀한 가치가 있어.

	점 수
1~6번 문제의 점수를 더하여 총점을 쓰고 152쪽의 표에 막대그래프로 표시하세요.	

평가
요소
1. ☐ 15점 | 2. ☐ 15점 | 3. ☐ 15점 | 4. ☐ 15점 | 5. ☐ 20점 | 6. ☐ 20점

156쪽 표의 해당하는 번호에 체크하세요.

〈1교시에 받아쓰기 시험〉

– "국어" 5단원

– 70점 밑으로는 숙제 낼 거니까 열심히 하세요.

몇 자 되지도 않는 하얀 글씨가 눈앞을 캄캄하게 만들었다. 당장 책을 펼쳤지만 이미 얼어 버린 머릿속에 글자가 제대로 들어올 리 없었다.

처음 칠판을 보았을 때는 눈앞이 캄캄하고 머릿속은 새하얘졌다. 그런데 다시 생각하여 보니 그럴 필요가 없었다. 은수는 받아쓰기를 잘할 자신은 없었지만 그렇다고 벌벌 떨 필요도 없다고 생각하였다. 그렇게 마음을 먹으니 하얀색과 검은색밖에 없던 은수의 눈에 원래대로 색깔이 돌아왔다.

"넌 백 점 맞을 게 뻔한데 무엇하러 그렇게 열심히 하니?"

은수는 괜히 뒷자리에 앉은 승규를 집적거렸다.

"내가 넌 줄 아니? 넌 나랑 다르잖아."

승규가 말하였다.

"놀기 싫으면 그냥 싫다고 하지, 왜 이상한 사람 취급을 해? 그래 알았다. 너 같이 선생님께 사랑받고 공부 잘하는 애는 다 맞아라."

㉠"시끄러워. 너 때문에 공부가 안되잖아. 선생님께 이를 거야."

"그래, 일러라 일러. 에에, 삐아삐아!"

은수는 승규에게 입을 삐죽이며 삐아삐아를 보냈다. 삐아삐아는 은수가 상상 놀이를 할 때 쓰는 말인데 그때마다 뜻은 다르다. 보통 기분이 나쁘거나 마음에 들지 않는 일에 삐아삐아를 날려 보낸다. 신기하게도 삐아삐아를 날리면 기쁘고 통쾌한 마음은 커지고 화나고 속상한 마음은 산산조각 나 버린다. 그래서 은수의 사전에는 남들이 모르는 이상한 낱말이 많이 들어 있다.

은수에게는 지루하기만 한 시간이 지나고 받아쓰기 시험이 시작되었다. 선생님께서 불러 주시는 말들이 ㉡비틀비틀 춤을 추며 다가왔다. 은수 앞에 펼쳐진 하얀 종이에는 검은 글씨가 삐뚤빼뚤 질서 없이 내려앉았다.

"다 됐지요? 연필 내려놓고 짝끼리 바꾸세요."

1번부터 10번까지 모두 열 문제가 끝났다. 아이들은 모두 빨간 색연필을 꺼내들었다.

"정답 잘 확인하여 점수를 정확하게 매기세요."

선생님께서 칠판에 반듯하게 답을 적으셨다.

"야호!" / "어, 이상하네?" / "아이고!"

정답이 하나씩 써질 때마다 아이들의 입에서 터져 나오는 말소리도 제각각이었다.

잠시 뒤, 은수 앞에는 빨간 동그라미가 정확히 열 개 그려진 시험지가 놓였다.

'삐아삐아, 삐아삐아!'

은수는 시험지를 향하여 속으로 삐아삐아를 두 번 날렸다. 레이저 광선이라도 나와서 시험지를 뚫을 듯 눈빛이 날카로웠다.

"다 매겼으면 다시 짝한테 돌려주세요."

은수 앞에 놓여 있던 백 점짜리 시험지는 수진이 손으로 넘어갔다. 대신 돌아온 시험지에는 빨간 작대기 네 개가 가지런히 서 있었다. 수진이는 친절하게도 동글동글한 예쁜 글씨로 '60'이라고 써 놓기까지 하였다.

주제찾기 **1.** 무엇을 중심 내용으로 삼은 이야기입니까?

① 아이들 사이의 다툼
② 선생님의 가르침과 시험
③ 친구에게 버림받은 아이의 모습
④ 학교에서 있었던 일과 마음의 변화
⑤ 아이들이 조별 학습을 위해 해야 할 일

글감찾기 **2.** 주인공의 마음을 크게 변하도록 한 글감을 글에서 찾아 쓰세요.

사실이해 **3.** 가장 먼저 일어난 일을 고르세요.

① 선생님이 시험을 알려주었다.
② 은수가 뒷자리의 승규를 집적거렸다.
③ 승규에게 은수가 이상한 말을 날려 보냈다.
④ 아이들이 선생님이 불러주시는 대로 받아썼다.
⑤ 답안지를 서로 바꾸어 정답을 확인하여 점수를 매겼다.

미루어알기 **4.** ㉠을 말한 승규는 어떤 아이입니까?

① 받아쓰기를 잘 못 하는 아이
② 혼자 상상 놀이를 즐기는 아이
③ 기분이 나쁠 때 이상한 말을 하는 아이
④ 나서길 잘하면서 잘난 체하는 얄미운 아이
⑤ 공부를 잘하지만 제 할 일만 열심히 하는 아이

세부내용 **5.** ㉡의 속뜻은 무엇인가요?

① 들렸다 안 들렸다 하였다.
② 떨리는 손으로 답을 쓰게 했다.
③ 은수가 늘 쓰던 글자 모양이었다.
④ 고민거리를 쌓아가는 어려운 문제였다.
⑤ 머릿속에 정확한 글자 모양이 떠오르지 않았다.

적용하기 **6.** 이 이야기를 읽고 이어질 내용을 상상해 보려고 합니다. 아래의 빈칸에
각각 한 문장씩 써서 답하세요.

언제 일어난 일로 꾸밀까요?	–	(1) ☐☐☐☐ ☐☐ ☐☐를 매기고 난 직후의 시간
어디에서 일어난 일로 꾸밀까요.	–	(2) 은수네 반의 ☐☐
등장인물들을 누구누구로 할까요?	–	(3) ____ , ____ , ____

점수

1~6번 문제의 점수를 더하여 총점을 쓰고 152쪽의 표에 막대그래프로 표시하세요.

　옛날, 어느 곳에 할아버지, 할머니가 살았는데 하루는 밤중에 도둑이 들었어. 도둑이 살금살금 집 안에 들어와서 이리저리 살피다가 마루 위에 기어올라 왔어.

　그러니까 마룻장이 낡아서 삐거덕삐거덕 소리가 나거든. 방 안에서 잠을 자던 할머니가 그 소리를 듣고 잠을 깼어. 그러고는 옆에서 자고 있는 할아버지를 깨웠지.

　"여보, 영감. 밖에서 무슨 소리가 나는 걸 보니 도둑이 들었나 보우."

　마루를 기어가던 도둑이 이 소리를 들으니 그만 가슴이 철렁 내려앉지. 그래서 들키지 않으려고 그 자리에 납작 엎드려 숨을 죽이고 가만히 있었어. 그런데 방 안에서 할아버지가 잠을 깨서 하는 말이

　"도둑은 무슨 도둑, 마루 밑에서 쥐들이 설치는 모양이지."

하거든. 그래도 할머니는 / "아무래도 쥐 소리는 아닌 것 같았는데……."

하고 자꾸 미심쩍어한단 말이야.

　도둑은 할아버지, 할머니가 어서 마음을 놓으라고 "찍찍, 찍찍"

하고 쥐 소리를 냈어.

　그러니까 할아버지는 / "그것 봐요. 저게 쥐 소리가 아니고 뭐야?"

하는데, 할머니는 또 미심쩍어서

　"이상하다. 쥐 소리 치고는 너무 큰 걸." 하자 / "그러면 고양이 소리인 게지."

　그래도 할머니는 / "고양이 소리도 아닌데. 그러지 말고 어서 나가 보우."

하고 자꾸 채근을 해.

　도둑이 들어 보니 이러다가는 꼼짝없이 들키겠거든. 그래서 얼른 "야옹, 야옹"

하고 고양이 소리를 냈어. / "그러면 그렇지. 틀림없는 고양이 소리 아니오?"

　할아버지는 잘도 속아 주는데 할머니는 이번에도 속지 않네.

　"고양이 소리 치고는 너무 굵어요."

　"고양이보다 소리가 굵으면 개 짖는 소리겠지."

　도둑은 어서 빨리 할아버지, 할머니가 마음 놓고 자라고 이번에는 "멍멍, 멍멍" 하고 개 짖는 소리를 냈어. / "그것 보라지. 개 짖는 소리가 틀림없구먼."

"아무려면 내가 개 짖는 소리를 못 알아들을까."

"그러면 송아지 소리인 게지."

도둑은 얼른 "음매, 음매." 하고 송아지 소리를 냈어.

"그것 보라니까. 송아지 소리 아니오?"

"아니에요, 송아지 소리하고도 달라요."

"그래요? 그러면 코끼리 소리인가?"

[중간 줄거리 생략 – ㉠]

그러니까 도둑은 기겁을 하고 달아나는데 얼마나 놀랐는지 달아난다는 게 부엌으로 들어갔어. 부엌으로 들어가 보니 어디 숨을 데가 있나. 여기저기 헤매다 보니 커다란 물 항아리가 보이거든. 급한 김에 그 물 항아리 속에 들어갔어.

들어가긴 갔는데 얼굴은 숨길 수가 없거든. 물속에 얼굴까지 집어넣으면 숨이 막혀 죽을 테니 말이야. 그래서 얼굴만 물 위에 쏙 내놓고 앉아 있는데 마침 항아리 안에 바가지가 하나 둥둥 떠 있지 뭐야.

'옳다구나!' 하고 그 바가지를 뒤집어썼어.

할아버지는 마루에 나와서 여기저기 둘러보아도 아무것도 없으니까 부엌으로 들어갔어. 부엌 구석에 있는 항아리를 들여다보니까 바가지가 달랑 물 위에 나와 있거든. / 할아버지가 그걸 툭툭 두드려 보면서

"이건 무엇인고? 바가지 같기도 하고 아닌 것 같기도 하고."

하니까 도둑은 가슴이 섬뜩해서 얼른 주워섬긴다는 것이

"박박, 바각바각, 박박, 바각바각……." 하였겠다. 그러니까 할아버지가 하는 말이 / "음, 틀림없는 바가지로군." 하면서 도로 들어가더란다.

주제찾기 **1.** 이야기의 중심 내용을 가장 잘 정리한 것을 고르세요.

① 할아버지와 할머니의 다툼

② 소리 때문에 잡힌 도둑 이야기

③ 도둑이 들었을 때 위험에 빠지지 않기

④ 흉내 소리를 둘러싸고 펼쳐진 재미있는 삶의 모습

⑤ 궁지에 빠졌을 때 쉽게 헤쳐 나갈 수 있는 지혜로운 태도

제목찾기 **2.** 이야기의 마지막 장면을 읽고 아래 방식으로 이 글의 제목을 붙이세요.

> 흉내 소리 + 물건 이름

사실이해 **3.** 이야기를 전하는 사람의 목소리가 지닌 특징은 어떠합니까?

① 이야기를 직접 들려주듯이 친근한 느낌입니다.
② 사실을 자세하게 말하여 지루한 느낌이 듭니다.
③ 겪기 어려운 일을 보여 주어 낯선 느낌이 듭니다.
④ 말투에 자주 변화를 주어 재미를 자아내고 있습니다.
⑤ 등장인물 중의 한 사람을 대신하여 목소리를 내고 있습니다.

미루어알기 **4.** 할아버지의 성격으로 알맞은 것은 어느 것입니까?

① 의심이 많다.   ② 화를 잘 낸다.   ③ 참을성이 많다.
④ 동물을 사랑한다.   ⑤ 깊게 생각하지 않는다.

세부내용 **5.** 도둑이 흉내 낸 소리를 잘못 옮긴 것을 고르세요.

① 쥐 – 찍찍, 찍찍   ② 고양이 – 야옹, 야옹 ③ 개 – 컹컹, 컹컹
④ 송아지 – 음매, 음매 ⑤ 바가지 – 박박, 바각바각

적용하기 **6.** 이야기의 짜임새로 볼 때, ㉠에 들어가기에 어색한 것은 어느 것입니까?

① 도둑의 등에 식은땀이 흘렀다.
② 할아버지가 코끼리 소리를 들었다.
③ 도둑은 코끼리 소리를 들어보지 못했다.
④ 말도 안 되는 소리로 코끼리 소리를 흉내 내었다.
⑤ 할머니가 할아버지에게 밖으로 나가보라고 재촉하였다.

점 수

1~6번 문제의 점수를 더하여 총점을 쓰고 152쪽의 표에 막대그래프로 표시하세요.

| 평가 요소 | 1. ☐ 20점 | 2. ☐ 15점 | 3. ☐ 15점 | 4. ☐ 15점 | 5. ☐ 15점 | 6. ☐ 20점 |

156쪽 표의 해당하는 번호에 체크하세요.

허준은 신분에 따라 차별이 심한 조선 시대에 살았어요. 아버지가 양반이라 어깨 너머로 글공부를 할 수 있기는 했지만, 어머니가 종의 신분이었기 때문에 아무리 실력이 뛰어나도 벼슬길에 오를 수 없었어요. 이를 가엾게 여긴 아버지가 종의 신분에서 풀려나게 해 주어 허준은 남의 병을 고쳐주는 의원**❶**이 될 수 있었죠.

허준은 당시 유명한 의원이었던 유의태라는 스승을 찾아가 의술**❷**을 배웠어요. 온갖 고생을 하면서 의술을 익혀 한양으로 의원을 뽑기 위한 시험을 보러 갔지요. 하지만 가는 도중에 돈이 없어서 치료를 받지 못하는 사람들을 만나 그들을 치료해 주었어요.

여러 날 병들고 가난한 사람들을 돌보던 허준은 서둘러 과거**❸** 시험을 보러 갔지만 시험 볼 시간이 너무 늦어 시험도 보지 못했어요. 하지만 허준은 의원이 없어 죽어 가는 사람들을 돌보았다고 많은 사람들에게 칭찬을 받았어요. 스승인 유의태도 허준의 행동을 칭찬하며 더욱 열심히 가르쳐 주었어요.

그러던 어느 날, 유의태가 말없이 사라졌어요. 허준은 스승이 간 곳을 몰라 며칠을 답답해하다가 스승과 함께 길을 떠난 하인의 부름을 받고 즉시 달려갔어요. 그 곳에는 이미 목숨을 다한 유의태와 그가 허준에게 남겨 놓은 글이 있었죠.

유의태는 자신의 몸을 해부하여 보고, 사람의 몸 안이 어떻게 생겼는지 관찰해 보라고 글에 남겼어요. 그것이 모든 사람을 위한 일이니 이를 통해 반드시 큰 의원이 되라는 당부의 말도 적혀 있었죠. 허준은 눈물을 흘리며 스승의 몸을 해부해 자세히 살펴 그림으로 그리고 공부하였어요.

이렇게 어렵게 공부하여 허준은 스물아홉 살 때 의과의 과거 시험에 합격하여 왕과 그 가족을 돌보는 내의원이라는 곳에서 일했어요. 워낙 총명하고 부지런 했기 때문에 나중에는 임금을 도맡아 돌보는 의원[어의]이 되었죠. 임진왜란이

『Note **❶** 의사와 의사가 되기 위해 공부하는 사람을 통틀어 이르는 말. **❷** 병이나 상처를 고치는 기술. 또는 의학에 관련되는 기술. **❸** 우리나라와 중국에서 관리를 뽑을 때 실시하던 시험.

라는 큰 전쟁이 일어났을 때 왕이 피란 가는 곳까지 따라가 왕을 모시고 살펴 그 공을 인정받아 높은 벼슬길에 오르게 되었어요. 하지만 신분으로 보아 너무 높은 벼슬이라며 다른 신하들이 반대하는 바람에 벼슬을 내놓기도 했어요.

당시의 임금인 선조는 허준에게 중국에서 들여온 의학책은 어렵고 우리에게 맞지도 않으니 조선의 의학을 연구할 것을 당부했어요. 그 때부터 허준은 우리의 의학책을 만드는 작업에 매달려 사람이 태어나서 살아가는 동안 병이 생기는 이치를 자세히 기록했어요. 또한 내과, 외과, 부인과, 소아과로 병을 나누고 각 질병마다 약을 쓰는 방법과 침을 놓는 방법을 자세히 적었어요.

결국 그 다음 임금인 광해군 때, 노력의 결실로 25권이나 되는『동의보감』이라는 큰 책이 완성되었죠. '동양의 의학 백과사전'으로 불리는 이 책은 일본과 중국에까지 전해졌고, 오늘날에는 영어와 독일어로 번역되어 서양에서까지 쓰이고 있어요.

주제찾기 **1.** 글의 중심 내용은 무엇입니까?

① 인물의 삶과 남긴 자취　　② 의원이 되기 위한 자격
③ 조선 시대에 겪었던 전쟁　　④ 모든 사람의 칭찬을 받는 삶
⑤ 옛날의 의술과 오늘날의 의술

글감찾기 **2.** 주인공의 이름을 글에서 찾아서 쓰세요.

사실이해 **3.** 글에 나온 내용은 어느 것입니까?

① 허준은 원래 양반이었다.
② 허준은 유명한 스승을 찾아갔다.
③ 유의태는 허준의 허물을 자주 비난하였다.
④ 유의태는 허준에게 사람의 마땅한 일을 가르쳤다.
⑤ 허준은 임진왜란에 참여하여 군인으로서 공을 세웠다.

미루어알기

4. 글을 읽고 알 수 있는 것은 무엇입니까?

① 양반은 의원이 될 수 없었다.
② 한양 가는 길목에 도둑들이 많았다.
③ 허준은 돈이 없어서 한양에 가지 못했다.
④ 조선 시대에는 신분에 따라 차별이 심하였다.
⑤ 왕이 명을 내리면 신하들은 어기지 않고 따라야 했다.

세부내용

5. 이 글처럼 어떤 인물이 살면서 남긴 자취를 중심으로 엮어 낸 이야기를 일컫는 이름은 무엇인가요?

① 동화　　　　　　　② 전기
③ 전설　　　　　　　④ 소설
⑤ 수필

적용하기

6. 허준의 업적을 내세워 영화를 만들려고 합니다. 제목으로 알맞은 것은 무엇입니까?

① 동의보감　　　　　② 백과사전
③ 동양의 의학　　　　④ 허준의 일생
⑤ 의술의 선구자

점 수

1~6번 문제의 점수를 더하여 총점을 쓰고 152쪽의 표에 막대그래프로 표시하세요.

| 평가요소 | **1.** ☐ 20점 | **2.** ☐ 15점 | **3.** ☐ 15점 | **4.** ☐ 20점 | **5.** ☐ 15점 | **6.** ☐ 15점 |

156쪽 표의 해당하는 번호에 체크하세요.

"하늘 천, 따 지……."

아이들이 서당에서 글을 읽고 있어요. 그런데 한 아이는 꾸벅꾸벅 졸고 있네요. 바로 홍도예요. 홍도는 이상하게 책만 보면 졸음이 쏟아졌어요.

책보다는 병풍 그림을 보는 게 훨씬 재미있었어요. 그림을 한참 보고 있으면 어느새 (㉠   ) 같았어요. 꽃향기도 나고, 새소리도 들렸어요.

"이 녀석아, 놀지만 말고 글 좀 읽어라!"

아버지는 홍도를 몹시 걱정하였어요. 하지만 어머니의 생각은 달랐어요. 홍도는 외삼촌이 그린 매화 그림을 보고 깜짝 놀랐어요.

"우아, 정말 똑같다!"

홍도는 틈만 나면 그림을 그렸어요. 친구들이 노는 모습도 그리고, 송아지나 강아지도 그렸어요. 홍도의 그림 솜씨는 하루가 다르게 늘어 갔어요.

홍도는 숯으로 땅바닥에다 그림을 그렸어요. 종이에 그리고 싶었지만 집이 가난해서 종이를 살 수가 없었거든요.

"큰 종이에 마음껏 그림을 그려 보았으면……."

홍도는 넓은 하늘을 바라보았어요. 하늘이 마치 커다란 종이처럼 보였어요. 홍도는 마음속으로 하늘에 그림을 그렸어요.

그러던 어느 날, 홍도는 마을길을 걷다가 긴 담장을 보고 걸음을 멈추었어요.

"아, 여기에다 그림을 그리면 좋겠는걸!"

홍도는 담장에다 신나게 그림을 그렸어요. 그날 저녁, 아버지는 몹시 화가 나서 집에 들어왔어요.

"하라는 공부는 하지 않고 못된 장난만 치고 다녀?"

아버지는 회초리를 들고 야단을 쳤어요.

"다시는 그림을 그리지 마라. 알겠느냐!"

하지만 홍도는 아무 대답도 하지 못하고, 닭똥 같은 눈물만 뚝뚝 흘렸어요. 그림 그리는 것이 무척 좋았거든요.

"어머니, 어머니! 이것 좀 봐요. 외삼촌이 주셨어요!"

홍도는 어머니에게 붓과 종이를 자랑했어요.

그때 아버지가 홍도를 불렀어요.

"홍도야, 그것 이리 가져오너라!"

홍도는 가슴이 철렁 내려앉았어요.

"싫어요! 외삼촌이 그림 그리라고 저한테 주신 거란 말예요!"

홍도는 빽 소리치고는 와락 울음을 터뜨렸어요.

"여보, 홍도를 너무 나무라지 마세요. 그림을 얼마나 그리고 싶으면 저러겠어요."

어머니는 홍도에게 아버지 앞에서 그림을 그려 보라고 하였어요.

선 하나, 점 하나, 홍도는 온 마음으로 그림을 그렸지요. 아버지는 홍도의 그림 솜씨가 보통이 아니라는 것을 알았어요.

"홍도야, 아버지한테 한 가지 약속할 수 있겠니? 그림을 마음껏 그리는 대신 책도 열심히 보겠다고 말이야."

"정말요? 아버지 고맙습니다!"

홍도는 좋아서 팔짝팔짝 뛰었어요.

홍도는 커서 유명한 화가가 되었어요. 어릴 적부터 바라고 바라던 꿈을 이루어 낸 거예요.

"그림이 살아 움직일 것만 같네!"

"이렇게 재미있는 그림을 처음 보는 걸!"

모두들 김홍도의 그림에 감탄하였어요.

주제찾기 **1.** 글을 읽고 난 뒤의 깨달음으로 알맞은 것은 무엇입니까?

① 글을 읽을 때는 정신을 모아야 한다.

② 부모님 말씀을 잘 따라야 집안이 편안하다.

③ 어린 시절의 꿈을 평생 되새기며 살아야 한다.

④ 집이 가난하면 부지런히 일하는 습관을 길러야 한다.

⑤ 하고 싶은 일을 열심히 하면 훌륭한 사람이 될 수 있다.

글감찾기 **2.** 주인공이 가장 좋아한 것이 무엇인지 글에서 찾아 한 낱말로 쓰세요.

사실이해 **3.** 글의 내용과 일치하는 것은 어느 것입니까?

① 홍도는 서당에서 졸았다.
② 병풍 그림에서 꽃향기가 났다.
③ 친구들이 홍도의 그림을 칭찬했다.
④ 옛날에는 커다란 종이에 그림을 그렸다.
⑤ 홍도의 아버지는 붓과 종이를 구해 주었다.

미루어알기 **4.** ㉠에 알맞은 말은 무엇입니까?

① 그림을 그리지 않는 것
② 그림 속에 들어와 있는 것
③ 그림을 오랜 동안 그리는 것
④ 그림을 보느라고 머리가 아픈 것
⑤ 그림의 안과 밖을 번갈아 보고 있는 것

세부내용 **5.** 홍도가 종이 대신 그림을 그린 곳은 어디입니까?

① 숯   ② 책   ③ 하늘
④ 땅바닥   ⑤ 저고리

적용하기 **6.** 홍도의 마음을 헤아리고 아버지가 홍도에게 한 충고의 말을 고르세요.

① 이렇게 재미있는 그림은 처음 보는 걸!
② 이 녀석아, 놀지만 말고 제발 글 좀 읽어라!
③ 그림을 마음껏 그리는 대신 책도 열심히 보아라!
④ 하라는 공부는 하지 않고 못된 장난만 치고 다니겠다!
⑤ 장난이나 치려면 다시는 그림을 그리지 마라. 알겠느냐!

점 수

1~6번 문제의 점수를 더하여 총점을 쓰고 152쪽의 표에 막대그래프로 표시하세요.

평가
요소

1. ☐
20점 | 2. ☐
20점 | 3. ☐
15점 | 4. ☐
15점 | 5. ☐
15점 | 6. ☐
15점

156쪽 표의 해당하는 번호에 체크하세요.

병실에 누워만 있는 건 진짜 심심해요. 엄마가 일 끝내고 밤늦게 올 때까지 나 혼자뿐이거든요. 나는 몰래 침대를 빠져나와 병원 안을 돌아다녀요. 그러다 장기려 선생님이 지나가는 걸 보면 얼른 따라가요. 병실에서 병실로, 진찰실에서 또 수술실로, 장기려 선생님은 쉬지 않고 환자를 보러 다녀요.

오늘은 엄마가 쉬는 날이에요. 엄마 등에 업혀 사르르 잠이 들려고 할 때였어요. 옆 침대 아줌마가 엄마에게 말을 걸었어요.

"장기려 선생님 얘기 들었어요? 얼마 전에 밀린 입원비 때문에 퇴원 못하는 환자를 사무장님 몰래 뒷문으로 내보내셨대요."

그러자 엄마가 대답했어요.

"그건 아무것도 아니에요. 은행에서 병원으로 전화가 왔더래요. 어떤 거지가 선생님 수표를 가지고 왔으니 확인해 달라고요. 틀림없이 훔치거나 주운 것으로 생각했는데, 세상에, 월급 받은 걸 통째로 준 거였대요."

"남한테는 그리 베풀면서 정작 선생님 가운은 소매가 (㉠   )하던 데……."

"월급 많이 주면서 모셔 가려는 병원도 많은데, 우리같이 없는 사람들 돌보려고 사서 고생하시는 거래요. 그래서 별명이 바보 의사라잖아요."

선생님이 바보 의사래요.

장기려 선생님은 바보 의사 선생님…….

나는 선생님을 찾아가 보기로 했어요.

간호사 누나가 가르쳐 준 대로 병원 옆으로 난 오솔길을 따라 갔어요. 하얗고 작은 집, 여기가 장기려 선생님 집이래요. 나는 코가 납작해지도록 창문에 들어붙어 구경을 했어요.

방 안에 책상, 책, 침대, 그리고…….

갑자기 커다랗고 따뜻한 손이 내 어깨를 만졌어요.

"너, 기오 아니냐? 이렇게 다녀도 괜찮니? 무릎 수술이 잘 돼서 다행이구나.

하지만 너무 무리하면 안 돼."

나는 깡충 뛰고 싶을 만큼 반가웠지만, 입에서는 엉뚱한 소리가 나왔어요.

"선생님 집도 우리 집처럼 가난하네요."

선생님은 껄껄 웃으며 나를 집 안으로 데리고 들어갔어요.

"그런데 선생님 어디 갔다 왔어요?"

"의사가 없는 마을에 가서 사람들을 치료하고 왔단다. 병원이 없어서 아파도 치료를 받지 못하는 사람이 많거든."

나는 갑자기 궁금해졌어요.

"선생님은 어릴 때부터 의사가 되고 싶었어요?"

"그래, 의사가 되고 싶었지. 가난하고 병든 사람을 돕는 의사, 그런데 점점 어려워지는구나. 치료에 쓰는 약이나 기구 값이 엄청나거든. 그래서 요즘은 건강할 때 조금씩 돈을 모아서 병나고 다쳤을 때 걱정 없이 치료받을 수 있는 방법을 생각하고 있어."

나는 그때 마음먹었어요. 장기려 선생님처럼 가난하고 병든 사람을 돕는 의사가 되겠다고요.

선생님 같은 바보 의사가 되겠다고요.

주제찾기 **1.** 글의 중심 내용을 간추린 아래 글의 빈칸에 알맞은 낱말을 넣으세요.

> □□와 희생의 마음으로 병들고 □□□ 사람들을 돌보는 고귀한 사랑의 정신

제목찾기 **2.** 글의 내용과 어울리는 제목은 어느 것입니까?

① 쉬지 않는 병원　　　　　　② 간호사와 의사 선생님
③ 선생님, 바보 의사 선생님　　④ 가난한 사람들의 고마운 스승
⑤ 어둠 속에서 더욱 빛나는 사람들

사실이해

3. 글에 대해 바르게 설명한 것을 고르세요.

① 어머니가 겪은 일을 썼다.

② 기오의 눈으로 바라보며 썼다.

③ 의사 선생님의 마음을 드러내었다.

④ 의사 선생님들이 주고받는 말을 썼다.

⑤ 기오와 의사 선생님의 행동을 그려놓았다.

미루어알기

4. 장기려 선생님의 성격을 알맞게 말한 것은 어느 것입니까?

① 스스로 뽐내려 한다.　　　　② 고집대로 일을 밀어붙인다.

③ 자신보다 남을 먼저 생각한다.　　④ 사람들을 바른 길로 이끌려한다.

⑤ 주위 사람들에게 꾸중을 잘 한다.

세부내용

5. ㉠에 다음 설명에 따라 들어갈 말을 골라 보세요.

> 여러 가닥이 자꾸 조금 어지럽게 늘어져 흔들리는 모양.

① 구불구불　　　　② 투덜투덜　　　　③ 기웃기웃

④ 나달나달　　　　⑤ 번들번들

적용하기

6. 장기려 선생님께 편지를 쓰려고 합니다. 편지글에 들어갈 문장으로 알맞은 것은 어느 것입니까?

① 밤늦게까지 쉬지 않으시더군요.

② 바보 의사라는 별명이 참 잘 어울리데요.

③ 기오처럼 선생님의 집을 한 번 방문하겠습니다.

④ 선생님은 보험회사가 할 일까지 도맡아 해 주셨습니다.

⑤ 저도 자라서 가난하고 병든 사람들을 돕는 의사 선생님이 되겠습니다.

점 수

1~6번 문제의 점수를 더하여 총점을 쓰고 152쪽의 표에 막대그래프로 표시하세요.

평가
요소   1. ☐   2. ☐   3. ☐   4. ☐   5. ☐   6. ☐
        20점   15점   15점   15점   15점   20점

156쪽 표의 해당하는 번호에 체크하세요.

[제1막의 줄거리] 작은 암탉이 병아리들과 뒤뜰로 산책을 나갔다가 밀 낟알을 발견하고 친구들에게 함께 낟알을 심자고 한다. 그러나 친구들은 모두 싫다고 하여 작은 암탉은 병아리들과 낟알을 심는다.

제2막

해설자: 몇 주가 지나자 낟알들은 무럭무럭 자라기 시작하였습니다. 작은 암탉은 친구들에게 밀밭에 함께 물을 주자고 합니다.

작은 암탉: (밝은 목소리로) 소야, 나와 함께 밀밭에 물을 줄래?

소: 어, 나는 곤란한걸. 외양간 밖이 너무 추워서 나갈 수 없어. (몸을 덜덜덜 떤다.)

합창: 게으름뱅이 소! 언젠가 후회할 날이 올 텐데.

작은 암탉: (돼지 옆으로 다가가며) 돼지야, 나와 함께 밀밭에 물을 줄래?

돼지: 어, 나는 곤란한 걸. 우리 밖이 너무 추워서 나갈 수 없어. (몸을 덜덜덜 떤다.)

합창: 게으름뱅이 돼지! 언젠가 후회할 날이 올 텐데.

작은 암탉: (강아지를 바라보며) 강아지야, 나와 함께 밀밭에 물을 줄래?

강아지: 어, 나는 곤란한걸. 집 밖이 너무 추워서 나갈 수 없어. (양 팔로 몸을 감싸고 덜덜덜 떤다.)

합창: 게으름뱅이 강아지! 언젠가 후회할 날이 올 텐데.

병아리들: 엄마, 우리가 도울게요. 삐악삐악! (작은 암탉에게 다가간다.)

해설자: 그래서 작은 암탉은 병아리들과 밀밭에 물을 주었습니다.

제3막

해설자: 시간이 갈수록 태양은 밀을 쑥쑥 자라게 해 주어 이제는 추수를 할 때가 되었습니다. 그래서 작은 암탉은 친구들에게 함께 추수를 하자고 부탁합니다.

작은 암탉: (밝은 목소리로) 소야, 나와 함께 추수하지 않을래?

소: 어, 나는 곤란한 걸. 이렇게 피곤한 날은 일할 수 없어. (드러눕는다.)

합창: 게으름뱅이 소! 그래그래 낮잠이나 자.

작은 암탉: (돼지 옆으로 다가가며) 돼지야, 나와 함께 추수하지 않을래?

돼지: 어, 나는 곤란한 걸. 난 지금 배가 고파서 안 돼. (밥을 먹는다.)

합창: 욕심꾸러기 돼지! 그래그래 실컷 먹기나 해.

작은 암탉: (강아지를 바라보며) 강아지야, 나와 함께 추수하지 않을래?

강아지: 어, 나는 곤란한 걸. 난 지금 놀아야 해. (밖으로 뛰어 나간다.)

합창: 장난꾸러기 강아지! 그래그래 실컷 놀아라.

병아리들: 엄마, 우리가 도울게요. 삐악삐악! (작은 암탉에게 다가간다.)

해설자: 그래서 작은 암탉은 병아리들과 밀을 추수하였습니다. 그리고 친구들에
　　게 함께 추수한 밀을 빻아서 밀가루로 만드는 것을 도와 달라고 하였습니다.

작은 암탉: (밝은 목소리로) 소야, 밀을 빻아서 밀가루로 만드는 것을 도와줄 수
　　있니?

소: 어, 나는 곤란한 걸. 이렇게 피곤한 날은 일할 수 없어. (드러눕는다.)

합창: 게으름뱅이 소! 그래그래 낮잠이나 자.

작은 암탉: (돼지 옆으로 다가가며) 돼지야, 밀을 빻아서 밀가루로 만드는 것을 도
　　와줄 수 있니?

돼지: 어, 나는 곤란한 걸. 난 지금 배가 고파서 안 돼. (밥을 먹는다.)

합창: 욕심꾸러기 돼지! 그래그래 실컷 먹기나 해.

작은 암탉: (강아지를 바라보며) 강아지야, 밀을 빻아서 밀가루로 만드는 것을 도
　　와줄 수 있니?

강아지: 어, 나는 곤란한 걸. 난 지금 놀아야 해. (밖으로 뛰어 나간다.)

합창: 장난꾸러기 강아지! 그래그래 실컷 놀아라.

병아리들: 엄마, 우리가 도울게요. 삐악삐악! (작은 암탉에게 다가간다.)

해설자: 그래서 작은 암탉은 병아리들과 밀을 빻아서 밀가루를 만들었습니다.

주제찾기　　**1.** 읽은 뒤에 어떤 가르침을 얻을 수 있습니까?

　　　　① 변명은 스스로에게 해롭다.　　② 부탁은 들어주는 것이 옳다.
　　　　③ 몫을 챙기려면 일을 해야 한다.　　④ 일을 미루지 않는다.
　　　　⑤ 마음에 들 만한 일만 골라서 시킨다.

글감찾기

2. 동물들의 특징을 정리하는 아래의 빈칸에 알맞은 낱말을 쓰세요.

> 작은 암탉과 병아리 – 부지런하다.　　다른 짐승들 – □□□□

사실이해

3. 인형극에 나타나지 <u>않은</u> 내용은 어느 것입니까?

① 작은 암탉이 밀 낟알을 보았습니다.
② 작은 암탉이 밀 낟알을 심었습니다.
③ 작은 암탉은 밀밭에 물을 주었습니다.
④ 작은 암탉은 가을에 밀을 추수하였습니다.
⑤ 작은 암탉은 병아리들과 맛있는 빵을 만들었습니다.

미루어알기

4. 위의 글에 이어질 장면으로 가장 알맞은 것을 고르세요.

① 작은 암탉이 이사를 간다.
② 병아리들이 모이를 찾아다닌다.
③ 작은 암탉이 맛있는 빵을 만든다.
④ 소와 돼지가 빵 만드는 일을 돕는다.
⑤ 강아지가 병아리와 빵을 맛있게 먹는다.

세부내용

5. 동물들이 사는 곳을 모두 바르게 연결해 놓은 것은 어느 것인가요?

① 닭-둥지, 소-검불　　　　　② 돼지-집, 강아지-우리
③ 강아지-외양간, 소-우리　　④ 소-외양간, 돼지-우리
⑤ 닭-울타리, 강아지-집

적용하기

6. 인형극으로 무대에 올렸을 때 '합창'은 어떤 목소리가 알맞을까요?

① 혼자 웅얼대는 목소리　　　② 너그럽게 감싸는 목소리
③ 빈정대며 꾸중하는 목소리　④ 함께 슬퍼하며 우는 목소리
⑤ 기어들어가듯이 작은 목소리

	점 수
1~6번 문제의 점수를 더하여 총점을 쓰고 152쪽의 표에 막대그래프로 표시하세요.	

으르릉 드르렁
드르르르 푸우-

아버지 콧속에서
사자 한 마리
울부짖고 있다.

생쥐처럼 살금살금
양말을 벗겨 드렸다.

주제찾기 **1.** 시에서 떠올린 아이의 마음은 무엇입니까?

　① 사자를 신기해하는 마음
　② 편안히 주무시길 바라는 마음
　③ 안타깝게 잠들기를 기다리는 마음
　④ 울부짖는 사자를 몹시 무서워하는 마음
　⑤ 잠에서 깨어나 함께 놀아주기를 원하는 마음

제목찾기 **2.** 시에서 아버지를 빗댄 대상을 제목으로 삼을 수 있어요. 알맞은 제목을
붙여 보세요.

☐☐☐ ☐☐

사실이해 **3.** 시를 통해 떠올릴 수 있는 장면의 수는 몇 개인가요?

① 2개

② 3개

③ 4개

④ 5개

⑤ 6개

미루어알기 **4.** 아버지는 어떤 상태에 놓여 있습니까?

① 지루하다

② 상쾌하다

③ 피곤하다

④ 불안하다

⑤ 초조하다

세부내용 **5.** 장면을 실제로 체험하는 모습을 생생하게 그리기 위해 사용한 표현 방법은 무엇입니까?

① 빗댄 말

② 거센 소리

③ 소리 반복

④ 낱말 반복

⑤ 흉내 소리

	점 수
1~5번 문제의 점수를 더하여 총점을 쓰고153쪽의 표에 막대그래프로 표시하세요.	

| 평가
요소 | 1. ☐
20점 | 2. ☐
20점 | 3. ☐
20점 | 4. ☐
20점 | 5. ☐
20점 |

157쪽 표의 해당하는 번호에 체크하세요.

꼭꼭 숨어라 머리카락 보일라 옷자락이 보일라
꼭꼭 숨어라 발뒤꿈치 보일라 치맛자락 보일라
꼭꼭 숨어라 장독 뒤에 숨어라 대문 뒤에 숨어라
앉아서도 보이고 서서도 보인다 꼭꼭 숨어라

㉠찾아보자 찾아보자 어디 숨었나 어디 숨었나

요 숨었네 찾았다

주제찾기　**1.** 시에서 그려진 것은 어떤 모습인가요?

　　　① 사람 숨기기
　　　② 술래 정하기
　　　③ 숨은 사람 찾기
　　　④ 혼잣말 주고받기
　　　⑤ 혼자서 놀기

글감찾기　**2.** 시에서 다루어진 놀이의 이름을 쓰세요.

사실이해 **3.** 가장 여러 번 나타난 말은 무엇입니까?

① 꼭꼭 숨어라
② 머리카락 보일라
③ 옷자락이 보일라
④ 앉아서도 보이고
⑤ 찾아보자 찾아보자

미루어알기 **4.** ㉠을 말한 사람의 마음으로 알맞은 것은 무엇입니까?

① 신난다
② 즐겁다
③ 안타깝다
④ 답답하다
⑤ 조마조마하다

세부내용 **5.** 시에서 가장 나중에 이루어진 움직임은 어느 것입니까?

① 숨다
② 가다
③ 보다
④ 오다
⑤ 찾다

	점 수
1~5번 문제의 점수를 더하여 총점을 쓰고 153쪽의 표에 막대그래프로 표시하세요.	

들에 가면 들나물
새 봄이라 봄 냉이
쑥쑥 뽑아 쑥나물

참기름에 참비름
나리나리 미나리
꼬불꼬불 고사리

살살 달래라 달래
말랑말랑 말냉이
질겅질겅 질경이

주제찾기　　**1.** 어디서 무엇을 할 때 부른 노래입니까?

　　　　① 들에서 나물을 캘 때
　　　　② 산에서 나무를 할 때
　　　　③ 물에서 고기를 잡을 때
　　　　④ 봄에 보리밭을 밟을 때
　　　　⑤ 가을에 가을걷이를 할 때

글감찾기　　**2.** 글감이 된 물건을 찾아서 한 낱말로 쓰세요.

사실이해 **3.** 이 노래에서 재미를 느낄 수 있는 표현은 무엇입니까?

① 끝말잇기
② 첫 글자로 말 잇기
③ 말 허리로 말 잇기
④ 같은 길이의 낱말 반복
⑤ 같은 소리를 갖는 말의 반복

미루어알기 **4.** 땅에서 뽑을 때의 동작에서 떠올린 이름은 어느 것입니까?

① 들나물
② 봄 냉이
③ 쑥 나물
④ 참비름
⑤ 말냉이

세부내용 **5.** 노래의 모양이 보여 주는 특징은 어떠합니까?

① 한 묶음으로 되어 있다.
② 모든 줄의 글자 수가 같다.
③ 글자의 수가 갈수록 길어진다.
④ 모든 줄이 같은 소리로 시작한다.
⑤ 모든 줄의 끝이 같은 소리로 되어 있다.

점 수

1~5번 문제의 점수를 더하여 총점을 쓰고 153쪽의 표에 막대그래프로 표시하세요.

평가
요소

1. ☐
20점

2. ☐
20점

3. ☐
20점

4. ☐
20점

5. ☐
20점

157쪽 표의 해당하는 번호에 체크하세요.

우리 아기는
아래 발치**❶**에서 코올코올,

고양이는
부뚜막**❷**에서 가릉가릉,

아기 바람이
나뭇가지에서 소올소올,

아저씨 해님이
하늘 한가운데서 째앵째앵

주제찾기 **1.** 드러내려고 초점을 맞춘 내용은 무엇입니까?

① 잠자는 아기
② 가지에 부는 바람
③ 한가로운 집안의 분위기
④ 해님 아래에 잠든 강아지
⑤ 따스한 바람을 맞으며 피는 꽃

글감찾기 **2.** 시에서 떠올릴 수 있는 계절의 이름을 쓰세요.

❋Note **❶** 1. 누울 때 발이 가는 쪽. 2. 발이 있는 쪽. 3. 사물의 꼬리나 아래쪽이 되는 끝부분.
❷ 아궁이 위에 솥을 걸어 놓는 언저리. 흙과 돌을 섞어 쌓아 편평하게 만든다.

사실이해

3. 시에 그려지지 <u>않은</u> 것은 어느 것입니까?

① 아기
② 바람
③ 해님
④ 고양이
⑤ 아저씨

미루어알기

4. 시에서 떠올릴 수 있는 장면은 어느 것입니까?

① 엄마의 발아래에 잠든 아기
② 수틀에 수를 놓는 엄마
③ 부뚜막에서 뛰어노는 고양이
④ 나뭇가지를 흔드는 바람
⑤ 해님이 들어간 어두운 하늘

세부내용

5. 시에서 각 묶음[연]의 끝에 나타난 말의 특징은 무엇입니까?

① 소리가 긴 말
② 소리가 짧은 말
③ 모양이나 소리를 흉내 내는 말
④ 그림을 그려놓은 듯한 말
⑤ 귀에 강한 인상을 남기는 말

점 수

1~5번 문제의 점수를 더하여 총점을 쓰고 153쪽의 표에 막대그래프로 표시하세요.

아빠는
날 보고
강아지풀❶이래요.
아빠 뒤만
졸래졸래
따라다닌다고
― 아이고,
요 귀연 강아지풀아!
그래요.

엄마는
날 보고
도깨비바늘이래요.
엄마에게 꼬옥 붙어
안 떨어진다고
― 아유,
요 예쁜 도깨비바늘❷아!
그래요.

내가
풀이면
㉠엄마 아빠 들판이지 뭐.
날 안아 주시는…….

「Note

❶ 볏과의 한해살이풀. 줄기는 높이가 20~70cm이며, 뭉쳐난다. 대침 모양이고 여름에 강아지 꼬리 모양의 연한 녹색 또는 자주색 꽃이 줄기 끝에 핀다.

❷ 국화과의 한해살이풀. 높이는 50~100cm이며 줄기는 네모지다. 잎은 마주나고 깃 모양으로 갈라진다.

주제찾기 **1.** 시에서 어떤 마음을 떠올리게 됩니까?

① 아빠를 향한 그리움　　　　② 엄마가 곁에 없는 외로움

③ 아이를 향한 아빠 엄마의 사랑　　④ 강아지풀을 보는 즐거움

⑤ 들판을 바라보는 허전함

글감찾기 **2.** 아빠 엄마가 나를 무엇이라 불렀는지 한 글자로 된 낱말을 찾아 쓰세요.

사실이해 **3.** 시에서 말하는 사람의 움직임을 잘 보여 주는 말은 어느 것입니까?

① 날 보고　　　　② 졸래졸래　　　　③ 강아지풀

④ 도깨비바늘　　⑤ 날 안아

미루어알기 **4.** ㉠으로 말한 까닭은 무엇입니까??

① 내가 강아지풀을 닮았기 때문이다.

② 내가 도깨비바늘을 닮았기 때문이다.

③ 나는 강아지풀이나 도깨비바늘과 다르기 때문이다.

④ 들판이 풀을 안아 주듯이 엄마 아빠가 나를 안아주시기 때문이다.

⑤ 들판에 강아지풀과 도깨비바늘이 자라듯 내가 집에서 자라기 때문이다.

세부내용 **5.** 느낌을 강하게 드러내기 위해 맞춤법을 벗어난 말만 모아놓은 것을 고르세요.

① 귀연, 꼬옥　　　　　　② 아빠, 엄마

③ 졸래졸래, 안 떨어진다.　④ 강아지풀, 도깨비바늘

⑤ 아이고, 아유

점 수

1~5번 문제의 점수를 더하여 총점을 쓰고 153쪽의 표에 막대그래프로 표시하세요.

평가
요소 1. ☐ 2. ☐ 3. ☐ 4. ☐ 5. ☐
       20점   20점   20점   20점   20점

157쪽 표의 해당하는 번호에 체크하세요.

하나는 뭐니?
빗자루 하나

둘은 뭐니?
안경알 둘

셋은 뭐니?
토끼풀잎 셋

넷은 뭐니?
밥상 다리 넷

다섯은 뭐니?
손가락 다섯

여섯은 뭐니?
파리 다리 여섯

일곱은 뭐니?
북두칠성[1] 일곱

여덟은 뭐니?
문어 다리 여덟

아홉은 뭐니?
구만리장천[2] 아홉

열은 뭐니?
오징어 다리 열

주제찾기 **1.** 노래에 나타난 말놀이의 종류는 무엇입니까?

① 끝말잇기 놀이   ② 주고받는 말놀이
③ 꽁지 따기 말놀이   ④ 말 덧붙이기 놀이
⑤ 첫 글자를 따라 잇기 놀이

Note [1] 큰곰자리에서 국자 모양을 이루며 가장 뚜렷하게 보이는 일곱 개의 별.
          [2] 아득히 높고 먼 하늘.

제목찾기　**2.** 빈칸을 채워 노래의 제목을 붙여 보세요.

□□ □□□ 노래

사실이해　**3.** 노래의 한 묶음은 어떻게 시작하여 어떻게 끝납니까?

① 같은 수로 시작하고 끝난다.
② 홀수로 시작하여 짝수로 끝난다.
③ 짝수로 시작하여 홀수로 끝난다.
④ 작은 수로 시작하여 큰 수로 끝난다.
⑤ 큰 수로 시작하여 작은 수로 끝난다.

미루어알기　**4.** 말놀이를 하면 좋은 점은 무엇입니까?

① 또래와 친해질 수 있다.
② 자신의 능력을 뽐낼 수 있다.
③ 새로운 생각을 떠올릴 수 있다.
④ 사물의 생김새를 관찰할 수 있다.
⑤ 자연스럽게 많은 낱말을 익힐 수 있다.

세부내용　**5.** 답하는 노래가 바르게 된 것은 어느 것입니까?

① 젓가락 하나　　　　　② 숟가락 둘
③ 공기 알 셋　　　　　　④ 소의 다리 넷
⑤ 손가락 여섯

	점 수
1~5번 문제의 점수를 더하여 총점을 쓰고 153쪽의 표에 막대그래프로 표시하세요.	

평가 요소   1. ☐   2. ☐   3. ☐   4. ☐   5. ☐
          20점   20점   20점   20점   20점

157쪽 표의 해당하는 번호에 체크하세요.

오늘 아침 창 밑에
나뭇잎이요
옹기종기 웅크리고
모여 앉아서
어제저녁 바람은
대단했다고
소곤소곤하면서
발발 떱니다.

주제찾기   **1.** 시의 중심 내용은 무엇인가요?

① 오늘 겪은 일
② 두 사람의 대화
③ 떨고 있는 사람들
④ 나뭇잎이 진 아침 풍경
⑤ 어제 저녁에 불던 바람 소리

글감찾기   **2.** 글감을 시에서 찾아 쓰세요.

사실이해

3. 시의 배경이 된 시간은 언제입니까?

① 여름 저녁
② 가을 아침
③ 가을 저녁
④ 겨울 아침
⑤ 겨울 저녁

미루어알기

4. 상식을 벗어나서 이상하게 보이는 표현은 무엇입니까?

① 재미있는 말을 골라 썼다.
② 닮은 점이 있는 둘을 견주었다.
③ 같거나 비슷한 소리를 반복했다.
④ 마음속에 있는 말을 터놓고 말했다.
⑤ 물건이 마치 사람처럼 말을 하도록 꾸몄다.

세부내용

5. 소리를 흉내 낸 말은 어느 것입니까?

① 창 밑에
② 옹기종기
③ 앉아서
④ 소곤소곤
⑤ 발발

점 수

1~5번 문제의 점수를 더하여 총점을 쓰고 153쪽의 표에 막대그래프로 표시하세요.

나비
나비
노랑나비
꽃잎에
한잠 자고.

나비
나비
노랑나비
소뿔에서
한잠 자고.

나비
나비
노랑나비
길손 따라
훨훨 갔네.

주제찾기   **1. 시에서 떠올린 그림으로 알맞은 것은 무엇입니까?**

① 꽃잎 앞의 노랑나비
② 소뿔을 피해가는 노랑나비
③ 잠들었다 날아가는 노랑나비
④ 길손 따라 날고 있는 노랑나비
⑤ 꽃잎과 소뿔을 찾아가는 노랑나비

글감찾기   **2.** 글감을 시에서 찾아 옮겨 쓰세요.

사실이해   **3.** 세 묶음으로 된 이 시는 한 묶음이 몇 줄씩으로 이루어져 있나요?

① 두 줄

② 석 줄

③ 넉 줄

④ 다섯 줄

⑤ 여섯 줄

미루어알기   **4.** 말하는 이의 삶의 모습으로 알맞은 것은 어느 것입니까?

① 잠자는 소의 모습

② 떠돌이 길손의 지친 모습

③ 시골에 묻혀 사는 농부의 모습

④ 알에서 갓 깨어난 병아리의 모습

⑤ 꾸밈없이 자연을 즐기는 어린아이의 모습

세부내용   **5.** 모든 묶음의 끝은 어떤 말로 끝나 있나요?

① 꾸미는 말

② 셈하는 말

③ 움직임을 뜻하는 말

④ 이름을 붙일 때 쓰는 말

⑤ 소리나 모양을 흉내 낸 말

점 수

1~5번 문제의 점수를 더하여 총점을 쓰고 153쪽의 표에 막대그래프로 표시하세요.

(가) 달콤하고 조금 매콤하고
콧잔등에 땀이 송골송골
그래도 호호거리며 먹고 싶어.

벌써 입 속에 침이 고이는 걸
'맛있다' ㉠소리까지 함께 삼키면서
단짝끼리 오순도순 함께 먹고 싶어.

(나) **태희가 바꾸어 쓴 시**

맵고 맵고 또 매워
이마에서 땀이 뚝뚝
그래도 호호거리며 먹고 싶어.

벌써 입 속에 침이 고이는 걸
'매워' 소리까지 함께 삼키면서
우리 반 친구들과 오순도순 함께 먹고 싶어.

주제찾기 **1. 어떤 마음을 읊은 시들입니까?**

① 함께 먹고 싶은 마음
② 즐겁게 놀고 싶은 마음
③ 아이들과 친해지고 싶은 마음
④ 친구들과 음식을 만들고 싶은 마음
⑤ 우리 반 아이들과 여행을 떠나고 싶은 마음

글감찾기 **2.** 글자 수를 맞추어, 시에서 다룬 음식 이름을 쓰세요.

☐☐☐

사실이해 **3.** (가)와 (나) 모두에 나타난 맛은 무엇입니까?

① 달다
② 쓰다
③ 맵다
④ 짜다
⑤ 시다

미루어알기 **4.** ㉠의 속뜻으로 알맞은 것은 어느 것입니까?

① 서로 소리를 질러가면서
② 마주 앉아 얼굴만 쳐다보면서
③ 즐겁다는 소리도 내지 못한 채
④ 함께 음식 맛에 흠뻑 빠져들어서
⑤ 소리는 나중에 지르기로 약속하고서

세부내용 **5.** 사이좋게 어울리는 모양을 흉내 낸 말은 어느 것입니까?

① 콧잔등
② 송골송골
③ 맵고 맵고
④ 호호거리며
⑤ 오순도순

점 수

1~5번 문제의 점수를 더하여 총점을 쓰고 153쪽의 표에 막대그래프로 표시하세요.

수수나무 마나님 좋은 마나님
오늘 저녁 하루만 재워주셔요
아니 아니 안 돼요 무서워서요
당신 눈이 무서워 못 재웁니다

잠잘 곳이 없어서 늙은 잠자리
바지랑대**1** 갈퀴**2**에 혼자 앉아서
추운 바람 서러워 한숨짓는데
감나무 마른 잎이 떨어집니다

주제찾기　　1. 시를 읊조리고 떠올린 느낌과 분위기는 어떠합니까?

　　　　① 무섭고 고요하다.
　　　　② 외롭고 쓸쓸하다.
　　　　③ 활기차고 명랑하다.
　　　　④ 힘없이 축 늘어졌다.
　　　　⑤ 썰렁하게 텅 비었다.

제목찾기　　2. 시의 제목으로 삼을 만한 말을 찾아서 쓰세요.

　　　　　　☐☐ ☐☐☐

Note　　**1** 빨랫줄을 받치는 긴 막대기.
　　　　2 '끝이 뾰족하고 꼬부라진 물건'을 뜻하는 '갈고리'를 잘못 쓴 것.

사실이해 **3.** 시에서 말하는 사람이 보지 <u>못한</u> 것은 어느 것입니까?

① 수수나무
② 마나님
③ 잠자리
④ 바지랑대
⑤ 감나무

미루어알기 **4.** 잠자리를 사람처럼 빗대어 표현한 말은 어느 것입니까?

① 수수나무 마나님
② 안 돼요 무서워서요
③ 바지랑대 갈퀴
④ 한숨 짓는데
⑤ 잎이 떨어집니다

세부내용 **5.** 시의 모든 줄이 몇 글자씩으로 되어 있습니까?

① 3 · 4
② 4 · 4
③ 7 · 3
④ 7 · 5
⑤ 5 · 7 · 5

	점 수
1~5번 문제의 점수를 더하여 총점을 쓰고 153쪽의 표에 막대그래프로 표시하세요.	

새는
나무가 좋다.

잎 피면
잎 구경

꽃 피면
꽃 구경

새는
나무가 좋다.

열매 열면
열매 구경

단풍 들면
단풍 구경

새는
나무가 좋아
쉴 새 없이
나무에서 노래 부른다.

새는
나무가 좋아
쉴 새 없이
가지 사이를 날아다닌다.

주제찾기 **1.** 중심 내용으로 알맞은 것은 무엇입니까?

　① 잎과 꽃 피는 나무　　② 나무를 좋아하는 새

　③ 열매 구경 단풍 구경　　④ 쉴 새 없이 노래하는 새

　⑤ 쉴 새 없이 날아다니는 새

제목찾기 **2.** 빈칸을 낱말로 채워 알맞은 제목을 붙이세요.

□와 □□

사실이해 **3.** 시에서 말하는 사람은 무엇을 하고 있습니까?

　① 보고 듣는다.　　② 음식을 맛본다.

　③ 냄새를 맡는다.　　④ 차가움을 느낀다.

　⑤ 뜨거움을 느낀다.

미루어알기 **4.** 새의 모습에서 어떤 삶을 떠올릴 수 있습니까?

　① 화려한 삶　　② 번거로운 삶

　③ 힘들고 피곤한 삶　　④ 자연과 어울리는 삶

　⑤ 마음먹은 대로 사는 삶

세부내용 **5.** 시의 내용 전체를 간추리면서 반복하는 말은 무엇입니까?

　① 같은 소리　　② 같은 모양의 글자

　③ 같은 모양의 낱말　　④ 같은 모양의 어구

　⑤ 같은 모양의 문장

	점 수
1~5번 문제의 점수를 더하여 총점을 쓰고 153쪽의 표에 막대그래프로 표시하세요.	

회차별 점수표 1 [01~22]

1. 설명하는 글 읽기 (평균 점수 _____ 점)

- 각 회차에서 얻은 점수를 막대그래프로 그리고, '1 설명하는 글 읽기'의 평균 점수를 써 넣으세요.
- 평균 이하의 점수가 나온 회차에서는 어떤 유형이 왜 틀렸는지 따져 보세요.

회차	이름부터 익히고 많이 읽기	설명하는 글 많이 읽기	문항 유형별 약점 보완	완성을 위해 남은 한 걸음
01				
02				
03				
04				
05				
06				
07				
08				
09				
10				
11				
12				
13				
14				
15				
16				
17				
18				
19				
20				
21				
22				
회차\점수	10 15 20 25	30 35 40 45	50 55 60 65	70 75 80 85	90 95 100

회차별 점수표 2 [23~32]

2. 설득하는 글 읽기 (평균 점수 _____점)

- 각 회차에서 얻은 점수를 막대그래프로 그리고, '2 설득하는 글 읽기'의 평균 점수를 써 넣으세요.
- 평균 이하의 점수가 나온 회차에서는 어떤 유형이 왜 틀렸는지 따져 보세요.

회차 \ 점수	이론부터 익히고 많이 읽기	설득하는 글 많이 읽기	문항 유형 약점 보완	완성을 위해 남은 한 걸음
23				
24				
25				
26				
27				
28				
29				
30				
31				
32				
점수	10 15 20 25	30 35 40 45	50 55 60 65	70 75 80 85	90 95 100

회차별 점수표 3 [33~44]

3. 이야기 글 읽기 (평균 점수 _____점)

• 각 회차에서 얻은 점수를 막대그래프로 그리고, '3 이야기 글 읽기'의 평균 점수를 써 넣으세요.
• 평균 이하의 점수가 나온 회차에서는 어떤 유형이 왜 틀렸는지 따져 보세요.

회차	이론부터 익히고 많이 읽기	이야기 글 많이 읽기	꼼꼼 유형 익히기	완성을 위해 남은 한 걸음
33				
34				
35				
36				
37				
38				
39				
40				
41				
42				
43				
44				
회차 점수	10 15 20 25	30 35 40 45	50 55 60 65	70 75 80 85 90 95 100

회차별 점수표 4 [45~55]

4. 시 읽기 (평균 점수 _____ 점)

- 각 회차에서 얻은 점수를 막대그래프로 그리고, '4 시 읽기'의 평균 점수를 써 넣으세요.
- 평균 이하의 점수가 나온 회차에서는 어떤 유형이 왜 틀렸는지 따져 보세요.

회차	이론부터 익히고 많이 읽기				시 많이 읽기				문항 유형별 약점 보완				완성을 위해 남은 한 걸음			
45																
46																
47																
48																
49																
50																
51																
52																
53																
54																
55																
회차 점수	10	15	20	25	30	35	40	45	50	55	60	65	70	75	80	85	90	95	100

유형별 진단표 1

1. 설명하는 글 읽기 [01~22]

- 각 회차의 유형에 정답을 맞혔으면 해당하는 칸에 'O'를, 틀렸으면 'X' 하세요.
- 표의 하단에 유형별 총점을 써넣으세요.
- 자주 틀리는 유형이 한눈에 보이므로 자신의 부족한 유형을 알고 보완하여야 합니다.

	유 형					
	주제찾기 1	제목(글감)찾기 2	사실 이해 3	미루어 읽기 4	세부내용 5	적용하기 6
1						
2						
3						
4						
5						
6						
7						
8						
9						
10						
11						
12						
13						
14						
15						
16						
17						
18						
19						
20						
21						
22						
회차 총점						

※ 주제찾기 1 ~ 세부내용 5 유형은 문항당 4.5점이고, 기본점수 1점입니다.

※ 적용하기 6 유형은 문항당 10점입니다.

유형별 진단표 2

2. 설득하는 글 읽기 [23~32]

- 각 회차의 유형에 정답을 맞혔으면 해당하는 칸에 '○'를, 틀렸으면 '×' 하세요.
- 표의 하단에 유형별 총점을 써넣으세요.
- 자주 틀리는 유형이 한눈에 보이므로 자신의 부족한 유형을 알고 보완하여야 합니다.

	유 형					
	주제찾기 1	제목(글감) 찾기 2	사실 이해 3	미루어 알기 4	세부내용 5	적용하기 6
23						
24						
25						
26						
27						
28						
29						
30						
31						
32						
회차 총점						

※ 문항당 10점입니다.

유형별 진단표 3

3. 이야기글 읽기 [33~44]

- 각 회차의 유형에 정답을 맞혔으면 해당하는 칸에 '○'를, 틀렸으면 '×' 하세요.
- 표의 하단에 유형별 총점을 써넣으세요.
- 자주 틀리는 유형이 한눈에 보이므로 자신의 부족한 유형을 알고 보완하여야 합니다.

	유 형					
	주제찾기 1	제목(글감) 찾기 2	사실 이해 3	미루어 알기 4	세부내용 5	적용하기 6
33						
34						
35						
36						
37						
38						
39						
40						
41						
42						
43						
44						
회차 총점						

※ 문항당 8점이고, 기본점수 4점입니다.

유형별 진단표 4

4. 시 읽기 [45~55]

- 각 회차의 유형에 정답을 맞혔으면 해당하는 칸에 '○'를, 틀렸으면 '×' 하세요.
- 표의 하단에 유형별 총점을 써넣으세요.
- 자주 틀리는 유형이 한눈에 보이므로 자신의 부족한 유형을 알고 보완하여야 합니다.

	유 형				
	주제찾기 1	제목(글감) 찾기 2	사실 이해 3	미루어 알기 4	세부내용 5
45					
46					
47					
48					
49					
50					
51					
52					
53					
54					
55					
회차 총점					

※ 문항당 9점이고, 기본점수 1점입니다.

영역별 평균 총점수 [01~55]

• 각 영역별 평균 점수를 막대그래프로 그리세요.

	이론부터 다시 익히고 많이 노력하세요.	여러 글을 읽고 좀 더 노력하세요.	취약 유형이나 약점을 보완하세요.	완성을 위해 틀린 더 문제 유형을 복습하세요.
1 설명하는 글 읽기 [01~22]				
2 설득하는 글 읽기 [23~32]				
3 이야기 글 읽기 [33~44]				
4 시 글 읽기 [45~55]				
점수	10 15 20 25	30 35 40 45 50 55 60 65	70 75 80 85	90 95 100

영역별 유형 총점수 [01~55]

• 해당하는 칸에 영역별 유형 총점을 써 넣으세요.

	유 형					
	주제찾기 1	제목(글감) 찾기 2	사실 이해 3	미루어 알기 4	세부내용 5	적용하기 6
1 설명하는 글 읽기 [01~22]						
2 설득하는 글 읽기 [23~32]						
3 이야기 글 읽기 [33~44]						
4 시 글 읽기 [45~55]						
영역별 점수						

초등 국어 독해의 길잡이

독해력 키움

2단계 (2학년)

책속의 책 (정답 및 해설)

정답 및 해설

01 설명하는 글 읽기(1)

18~19쪽 **정답**

1 ①	2 푸른숲식물원	3 ②
4 ③	5 ⑤	

해설

1. '푸른숲식물원'이 어떤 곳이며, 거기에 가면 무엇을 할 수 있는지 소개하고자 한 글이다. 이런 글을 '안내문'이라고 한다.

2. 글의 첫 문장과 끝 문장에 각각 한 번씩 나타나 소개할 내용이 무엇인지 알리는 구실을 하는 말이다.

3. 낱말을 보고 글에 나온 풍경인지 알아본다. ① '산 중턱'은 나오지 않는다. ③ 오솔길이 끝나는 곳에 꽃 정원이 있다. ④ 나비와 벌은 보이지 않는다. ⑤ 비가 내리는 것이 아니라 채소들이 햇빛을 받고 있다.

4. '이곳'이라고 했으므로 장소를 가리킨다. '이곳'을 품고 있는 문장을 보면, 온갖 꽃이 피어있는 곳이다.

5. 처음에는 나무의 향을 맡으며 걸을 수 있는 길이라고 했다. 그 다음에는 여러 가지 들꽃의 모습과 채소의 모습을 볼 수 있는 곳이라고 했다. 두 내용을 합쳐보면 '향'과 '모습'에 의해 아름다운 자연을 소개하고 있다는 것을 알 수 있다.

02 설명하는 글 읽기(2)

20~21쪽 **정답**

1 토박이말, 떡	2 ②	3 ④
4 ⑤	5 ②	

해설

1. 어머니가 딸에게 토박이말로 된 재미있는 떡 이름을 설명한 글이다.

2. 다섯 가지 떡 이름을 글감으로 삼고 있다.

3. '인절미'도 떡 이름이지만 글에는 나타나지 않는다.

4. '수수경단에는 콩가루나 팥이 묻어 있는데, 이는 나쁜 기운을 물리치려는 뜻이 담겨 있단다.'라는 구절에서 새롭게 떠올릴 수 있는 내용이다. 콩가루의 노란 색, 팥의 붉은 색이 이런 기운을 지녔다고 믿은 것

으로 볼 수 있다. ① 동생이 떡을 좋아했다는 것은 알 수 있지만 '나'는 어떤지 알 수 없다. ② '무지개떡'은 여러 가지 색깔을 넣어 만들어서 그런 이름이 붙었고, 개떡은 모양을 아무렇게나 만들어서 그렇게 이름이 붙었다. 둘은 종류가 서로 다른 떡이다. ③ 처음 맞이하는 생일을 '첫돌'이라 한다. '백일'은 태어나서 백일 되는 날이다. 이날도 보통 작게 잔치를 한다. ④ 백설기에 아기의 마음과 관련되는 설명은 글에 보이지 않는다.

5. 모양만 설명한 것은 부족하다. 떡을 어떻게 만드는지 알 수 있도록 설명한 것이어야 한다.

03 설명하는 글 읽기(3)

22~23쪽 **정답**

1 ②	2 짝	3 ③	4 ⑤
5 ④			

해설

1. 주제는 여러 번에 걸쳐 거듭 설명한 내용이다. 세 사람이 이번 달에 짝이 된 친구를 소개하고 있다.

2. 글에서 가장 여러 번 나타난 낱말로 '짝'이다.

3. 김태원, 조현정, 박대현을 소개한 사람들이 모두 이달에 짝이 되었기 때문이라고 까닭을 말했다.

4. 다음의 두 문장에서 떠올려 볼 수 있는 내용은 무엇일까? '책 읽기를 즐겨서 그런지 컴퓨터나 스마트폰 같은 전자 기기는 멀리 해요. 그래서 눈은 초롱초롱하고 생김새가 늠름해요.' 실제로도 책 읽기를 버릇이 되도록 하려면 전자 기기를 멀리 해야 한다. ① 태원이가 그렇다고 해서 모든 남자아이가 그런 것은 아니다. ② 현정이가 그런 모습일 따름이고 모든 사람이 그런 것은 아니다. ③ 모둠 활동과 책임의 관계는 나오지 않으며 떠올릴 수 있는 내용도 아니다. ④ 이름과 마음씨의 관계도 이 글로는 알 수 없다.

5. '수업 시간에 항상 열심히 공부하고 선생님께 칭찬을 많이 받는 현정이가 부럽습니다.'라고 할 때, '부럽습니다.'는 말하는 사람이 현정이를 본받고 싶다는 마음을 드러낸 것이다.

04 설명하는 글 읽기(4)

24~25쪽 | 정답

1 ④   2 꾸며주는 말   3 ③
4 ⑤   5 ②

해설

1. '꾸며주는 말'이, 물건이나 경치의 모양, 성질에 대한 느낌을 잘 드러내어 준다는 사실을 예를 들어가며 설명한 글이다.
2. 글의 첫머리에서 뜻을 설명하고, 이어서 더욱 자세한 설명이 붙는 것이 글감이 된다.
3. '우산을' 앞에는 다른 말을 붙일 수 있어도, 이 말이 다른 말을 꾸밀 수는 없다.
4. 꾸미는 말의 수가 많을수록 뜻을 자세히 드러낼 수 있다. ① 꾸며주는 말이 없다. ② '마침내' 하나만 꾸며주는 구실을 한다. ③ '온종일'만 꾸미는 말이다. ④ 꾸며주는 말이 '마침내'와 '기다리던' 둘이다.
5. 비가 내리는 소리를 흉내 낸 말이다.

05 설명하는 글 읽기(5)

26~27쪽 | 정답

1 ⑤   2 수컷 사슴벌레   3 ①
4 ④   5 ③

해설

1. 수컷 사슴벌레의 생김새, 먹이활동, 힘겨루기 등을 알려주고 있는 내용이다.
2. 글에 여러 번 나타난 것이 무엇인지 찾아본다.
3. 글의 첫머리부터 반복하여 생김새의 특징이 무엇인지 말해주고 있다.
4. 생김새의 특징으로 큰 턱을 말한 다음 먹이 활동을 설명하고 있기 때문에 큰 턱을 먹이를 찾을 때 사용한다고 생각해서는 안 된다. 글의 뒷부분을 보면 다른 사슴벌레와 힘겨루기 할 때 사용한다는 사실을 알 수 있다.
5. 일정한 구역 밖으로 쫓아낸다고 할 때는, '밀어붙이다'라고 한다.

06 설명하는 글 읽기(6)

28~29쪽 | 정답

1 ①   2 안전   3 ①   4 ③
5 ③

해설

1. 글의 첫 문장에 무엇을 중심 내용으로 삼을 것인지 알려주고 있다.
2. 집에서 안전하게 생활하기 위해 해야 할 일들을 설명하고 있다.
3. 창밖으로 떨어지지 않도록 해 주는 장치가 가장 먼저 나온다.
4. '창문 밖으로 몸을 내밀지 않도록 해요.'는 어린이가 읽어야 할 내용이고, '떨어질 수도 있으므로 창문 밑이나 베란다 옆에는 딛고 올라갈 수 있는 물건을 놓지 않고, 안전 창살을 해 놓도록 합니다.'는 부모들이 읽어야 할 내용이다. 모든 문단이 이런 방식으로 짜여 있다.
5. 콘센트에 손가락이나 쇠꼬챙이 등을 넣으면 감전되어 위험에 빠질 수 있다. 이를 방지하기 위해 보호 뚜껑으로 콘센트를 막아둔다. ① '창문'은 밖으로 몸을 내밀 때 위험해질 수 있다. ② '모서리'에 부딪치면 다칠 수 있다. ④ 전선이 바닥에 널려 있으면 걸려 넘어질 수 있다. ⑤ 밥솥의 김에 델 수 있다.

07 설명하는 글 읽기(7)

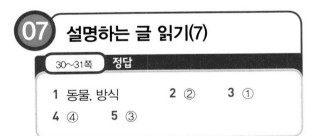

30~31쪽 | 정답

1 동물, 방식   2 ②   3 ①
4 ④   5 ③

해설

1. 글의 첫 문장이 전체 내용을 요약하고 있다.
2. '혼자'와 구별하는 낱말은 '함께'이다. 글에 나오는 낱말이다.
3. 호랑이, 큰곰은 혼자 사는 동물이다.
4. 새로 나온 글의 내용은, 갈매기, 바다오리, 백로처럼 필요할 때만 무리 지어 사는 동물에 관한 것이다. 즉 겨울 전에 이동을 위해 무리를 짓는 동물들을 설명한

내용이다. ① 맞는 말이지만 읽은 글의 내용으로부터 떠올릴 수는 없다. ② 읽은 글과 관계없는 내용이다. ③ 읽은 글과 관계없고 사실이 아니다. ⑤ '오랜 동안 이동하기 위해서'가 아니라 안전하게 이동하기 위해서라고 해야 사실이다.

5. '사회성 곤충'의 앞에 나온 내용을 잘 읽어보면 '사회성'의 뜻을 알 수 있다.

08 설명하는 글 읽기(8)

32~33쪽	정답

1 ⑤   2 태양   3 ⑤   4 ④
5 ②

해설

1. 태양이 별로서 어떤 특징이 있으며, 다른 별에 어떤 영향을 미치는지 설명하고 있는 글이다.
2. '무엇에 관해 설명했는가?' 했을 때, '무엇'이 글감이다.
3. 태양 주위의 밀도가 높아서 에너지가 만들어져서 수천, 수만 년 지나서 지구에 도달한다고 했다.
4. 글의 마지막 두 문장에서 알 수 있는 내용이다. ① 캄캄한 가운데서 별은 빛난다. ② 지구가 태양의 주위를 도는 것이지만 이에 대해서는 글에 나오지 않는다. ③ 태양이 별들 가운데 크기나 온도로 보아 그다지 특별하지 않다고 했다. ⑤ 태양의 주위가 밀도가 매우 높아서 빛이 뚫고 나오기 매우 힘들다는 내용이 나온다. 이로부터 밀도가 높아 쉽게 깨어진다는 내용을 떠올릴 수는 없다.
5. 태양에서 만들어진 에너지가 빛으로 바뀌어서 생명체를 살리는 힘이 된다.

09 설명하는 글 읽기(9)

34~35쪽	정답

1 ③   2 산호   3 ②   4 ④
5 ⑤

해설

1. 산호의 여러 가지 '모양'을 중심으로 글의 내용을 펼쳐보였다. '모양'이라는 낱말이 여러 번 사용되었다.
2. 글감이 '산호'이다.
3. 글의 첫머리에서는 산호가 식물처럼 생겼지만 동물임을 강조했다. ① 꽃을 닮은 모습이지 꽃은 아니다. ③ 움직이기 때문에 식물이 아니다. ④ 맞는 말이지만 글에 나온 내용은 아니다. ⑤ 몸의 아랫부분이 붙어서 한 몸으로 되어 있지만 공 모양은 아니다.
4. 산호의 입은 위쪽에 있다고 했기 때문에, 먹이를 몸의 위쪽으로 먹는다고 생각할 수 있다.
5. '손'처럼 생긴 산호에 대한 내용은 보이지 않는다.

10 설명하는 글 읽기(10)

36~37쪽	정답

1 ④   2 민속박물관   3 ①
4 ⑤   5 ③

해설

1. 민속박물관에 있는 옛날 집 안에 있던 물건이 오늘날과 다름을 설명하는 데 초점을 맞춘 글이다.
2. 글의 첫머리에 소개되어 있다.
3. 텔레비전은 방송을 보고 듣는 데, 라디오는 방송을 듣는 데 필요한 도구이다.
4. 듣고 싶은 방송을 찾거나, 전화를 걸 때 모두 '동그란 장치'를 쓴다고 했다. ① 텔레비전에만 있다. ②, ③은 라디오에만 있다. ④ 텔레비전과 라디오에는 있지만 전화기에는 없다.
5. 글쓴이도 읽는 사람들도 '함께'라는 뜻이다.

11 설명하는 글 읽기(11)

38~39쪽	정답

1 까닭(이유), 종류   2 ②   3 ⑤
4 ②   5 ①

해설

1. 고래가 왜 물을 뿜는지, 고래의 종류에 따라 물을 뿜는 모양이 어떻게 다른지 알려주고 있다.

2. 보이는 것이 무엇인지 밝히고자 하기보다는 보이는 대로 알아야 할 것을 설명하는 데 초점을 맞춘 글이다. 그래서 '숨 쉬기'보다는 '물 뿜기'가 제목으로 알맞다.

3. 글에 나온 고래 중에는 대왕고래의 물 높이가 가장 높다. ① 글에 나오지 않는다. ② 뿜는 높이는 말하지 않았다. ③ 글에 나오지 않는다. ④ 뿜는 높이는 알 수 없다.

4. '숨구멍'으로 숨을 쉰다고 했으므로, 아가미로 숨을 쉬는 것이 아니라고 할 수 있다. 그래서 고래는 물고기가 아니라 젖먹이동물에 속한다.

5. 앞에 나온 '물줄기가 두 줄기로 뻗어 올라간다.'에서 떠올려 본다.

12 설명하는 글 읽기(12)

40~41쪽	정답
1 ④	2 민속놀이	3 ⑤
4 ③	5 ②	

해설

1. 민속놀이는 보통사람들의 생활과 풍속이 잘 나타나 있는 놀이이다.

2. '민속놀이'가 글감이다.

3. 아동놀이 중에서 골라야 한다.

4. 민속놀이는 농사와 관련이 커서 때의 변화에 따라 농사일에 맞추어 생긴 것이 많다. ① 민속놀이가 왜, 어떻게 생겼는지 짐작할 수 있는 내용은 글에 보이지 않는다. ② 신분을 구분하였다는 내용만 떠올릴 수 있다. ④ 그런 뜻의 말은 없다. ⑤ 민속놀이의 종류를 나누는 기준은 하나로 정해져 있지 않다.

5. '이 날 마을의 시내나 강을 가로질러 놓여 있는 다리를 밟으면'이라는 내용에서 떠올릴 수 있는 놀이.

13 설명하는 글 읽기(13)

42~43쪽	정답
1 ④	2 낱말	3 ⑤	4 ③
5 ①	6 ①		

해설

1. 첫 문단의 끝 문장을 보면 중심 내용이 무엇인지 알 수 있다. '어떻게 해야 바르고 정확하게 낱말을 사용할 수 있을까요?'

2. '낱말'을 글감으로 삼아 바르고 정확한 말하기를 설명하고 있다.

3. 글의 첫 문단을 새겨 읽어보면 알 수 있다.

4. '다치다'와 '닫히다'는 소리가 같지만 뜻이 다르기 때문에 구분하여 써야 하는 낱말의 짝이다. '마치다'는 '시작하다'의 반대말이고, '맞히다'는 '틀리다'의 반대말이다. ① 두 낱말이 소리도 서로 다르고 뜻도 다르다. ② '날리다'는 '날도록 하다'라는 뜻이어서 '날다'와 구분된다. ④ '세워지다'는 '세우다'보다 소리마디가 하나 많아서 둘의 소리는 서로 다르며, 뜻도 다르다. ⑤ 두 낱말의 소리와 뜻이 모두 다르다.

5. 뒤에 이어지는 '상처가 난'과 어울리기 위해서는 '동작을 입다'의 뜻이 있는 '부딪혀'가 맞다.

6. 생각이 '달라'로 써야 바른 표현이다. 외국인과 생각에서 차이가 있다고 하는 뜻을 표현하고자 한 것이기 때문이다.

14 설명하는 글 읽기(14)

44~45쪽	정답
1 ⑤	2 말놀이	3 ⑤
4 ④	5 ②	6 ⑤

해설

1. 꾸며서 말하고 그 뜻을 새겨보는 재미있는 놀이에 대해서 설명하고 있는 글이다.

2. 여러 가지 말놀이가 글감이다.

3. '글자 카드 찾기'는 여러 이름들을 써놓은 카드 중에서 찾으라고 하는 것을 찾도록 하는 놀이이다. 글자

를 처음 배우는 아이들에게 알맞은 놀이인데 이 글에
는 나오지 않았다.

4. 우리말에는 '르'로 시작하는 말을 찾기가 매우 어렵다.

5. 앞에 나온 말의 뜻을 간추리면서 이어가는 말이 와야
한다.

6. 숫자놀이이므로 '다섯'이라는 낱말이 답에 반드시 들
어가야 한다. ① '하나는 뭐니?'에 대한 답이다. ② '둘
은 뭐니?'에 대한 답이다. ③ '셋은 뭐니?'에 대한 답
이다. ④ '넷은 뭐니?'에 대한 답이다.

15 설명하는 글 읽기(15)

46~47쪽 **정답**

| 1 ② | 2 편지 쓰기 | 3 ⑤ |
| 4 ③ | 5 ④ | 6 ⑤ |

해설

1. 편지는 어떤 짜임새를 갖추어서 어떤 방법으로 쓰는
지 설명하고 있다.

2. 중심 내용과 어울리는 제목은 '편지 쓰기'이다.

3. 편지가 얼마나 길어야 하는지에 대한 설명은 보이지
않는다.

4. 글로 쓴 것은 상대에게 전하기 전에 미리 고치고 정리
할 수 있다. ① 대화도 말이어서 한 번 하고 나면 미리
정리할 수 없다. ② 이야기는 한 번 하고 나면 고치기
어렵다. ④ 예의와 격식은 편지가 갖추어야 할 조건
이다. ⑤ 말은 어떤 종류이든 미리 정리하기 어렵다.

5. 편지를 쓰게 된 목적과 용건이다. 편지 본문의 주요
한 내용.

6. '그럼 또 봐'는 끝맺음의 인사이다. ① 첫 인사, ② 계
절 인사, ③ 상대 안부, ④ 자기 안부

16 설명하는 글 읽기(16)

48~49쪽 **정답**

| 1 ④ | 2 강강술래 | 3 ③ |
| 4 ⑤ | 5 ⑤ | 6 ① |

해설

1. 강강술래가 풍요를 상징하는 보름달 아래에 논다는
점에서 풍요를 즐긴다는 뜻을 가진다고 했으며, 춤과
노래를 중심으로 이루어진다는 점을 설명했다.

2. 강강술래라는 민속놀이를 글감으로 삼았다.

3. 강강술래는 여러 사람이 춤과 노래로 즐기는 놀이라
고 했다. ① 강강술래와 같은 민속놀이는 대개 정해
진 무대 없이 공연된다. ② 춤과 더불어 노래는 아주
중요하다. ④ 달이 떠 있을 때 시작하여 끝난다. ⑤ 중
간 중간에 쉼이 있다.

4. 앞소리에서 민요나 그 자리에서 떠올린 가사를 부를
수 있다고 했는데, 그 자리에서 떠올린 가사 중에는
노래 부르는 사람의 생각을 담을 수 있다.

5. 둘째 단락 끝에 '둥글게 돌며 추는 원무'라는 구절이
나온다.

6. 글에서 설명한 놀이들 중에서, 할아버지는 남자이므
로 남자들이 춤을 추며 노는 놀이를 찾아야 한다.

17 설명하는 글 읽기(17)

50~52쪽 **정답**

| 1 ③ | 2 설날 | 3 ① | 4 ⑤ |
| 5 ① | 6 ③ | | |

해설

1. 예부터 전해온 설날의 행사와 삶의 모습을 자세히 설
명하였다.

2. '설날'에 초점을 맞추었다.

3. 글의 첫머리에서 궁궐에서 설날 치렀던 행사를 가장
먼저 설명하였다.

4. 새해의 새 날을 맞이하였음을 깨달아 새로운 마음가
짐을 갖게 되었음을 뜻하는 내용이어야 한다.

5. 성묘는 차례를 지내기 전날이나 훗날 한다고 되어 있
다.

6. 옛날에는 덕담의 표현 형식이 과거 시제로 되어 있었
다고 했다.

18 설명하는 글 읽기(18)

53~55쪽 정답

1 방법, 종들이기	**2** ①	**3** ②
4 ③	**5** ②	**6** ④

해설

1. 글의 앞부분은 제기차기 방법에 대한 설명이고, 뒷부분은 놀이에서 진 쪽이 서야 하는 벌칙에 대한 설명이다.

2. 제기차기 방법은 중심 내용을 이루는 것들이어서 글감이 아니다. 글감은 대개 낱말로 나타난다. ② 한 번 차고 땅을 딛고, 또 차고 땅을 딛고 하는 따위의 제기차기 ③ 두 발을 번갈아 가며 차는 것 ④ 땅을 딛지 않고 계속 차는 것 ⑤ 한 번 차서 제기를 입에 물었다가 다시 차고, 다시 차고 다시 무는 것.

3. 도구가 있어야 하는 놀이에서는, 놀이를 위한 도구의 마련이 가장 먼저 이루어져야 한다. 글의 처음 부분에 소개되었다.

4. 종들이기는 제기를 상대가 차지 못하도록 해야 술래에서 벗어날 수 있다. 공중으로 던지는 것은 상대가 찰 수도 있으므로 들어갈 말로 알맞지 않다.

5. 종이 시중을 들듯이, 제기를 상대가 차기 좋게 던져 준다는 뜻의 말을 찾아야 한다. 다음 문장에 나온다.

6. 머리, 어깨, 팔, 다리 등 온몸을 이용하여 재주를 부릴 수 있는 놀이.

19 설명하는 글 읽기(19)

56~58쪽 정답

1 인정전, 규장각	**2** ②	**3** ①
4 ③	**5** ④	**6** ⑤

해설

1. 글에 설명한 곳 중, 가장 중요한 두 곳이다.

2. 글의 첫머리에 나온 말로 제목을 삼을 수 있다. 설명하려는 내용이 무엇에 맞추어 있는지 따져본다.

3. 예전에 군사들이 지켰던 곳으로 출입구이다.

4. '돌다리'는 '돌'과 '다리'라는 두 낱말이 합쳐서 새로운 낱말을 이루었다. ① 더 이상 나누어지지 않는 한 낱말이다. ② 원래의 말을 따지기 어려우므로 한 낱말로 본다. ④ 한 낱말이다. ⑤ '동'에 '쪽'이 붙었지만 '쪽'은 낱말로 보기 어렵다.

5. 글에도 나오듯이 뒤로 산이 두르고 앞으로 물이 흐르는 곳을 아름답고 살기 좋은 곳으로 여겼다.

6. 글의 설명을 따라, 왕실의 도서관이었던 곳을 찾아가면 된다.

20 설명하는 글 읽기(20)

59~61쪽 정답

1 ④	**2** 우리나라, 계절	**3** ④
4 ③	**5** ①	**6** ②

해설

1. 봄, 여름, 가을, 겨울의 계절에 따라 날씨의 차이가 뚜렷하다는 사실을 알려주고 있다. ① 강수량에만 초점을 맞춘 내용이 아니다. ② 사실이지만 글의 중심 내용이 아니다. ③ 1년 평균을 보든, 계절별로 보든, 일정하지는 않다. ⑤ 글에 나오지 않은 내용이다.

2. 봄, 여름, 가을, 겨울의 특징을 설명하고 있으므로, 글감은 '우리나라의 계절'이다. '우리나라의 날씨'라고 하면 잘못이다.

3. 메마른 날이 지역에 따라 나타나기도 하고 그렇지 않기도 하다.

4. 새 글은 남쪽과 북쪽, 동쪽과 서쪽 등 위치에 따라 기온이 달라질 수 있음을 설명하고 있다.

5. '고기압'은 어느 계절이든 나타날 수 있다.

6. 봄철은 날씨 변화가 심하고, 하루 중의 기온 차이도 크다고 했다. 이런 날씨에 잘 대비한 사람을 찾는다.

21 설명하는 글 읽기(21)

62~64쪽 정답

1 ③	**2** 날씨	**3** ⑤	**4** ④
5 ①	**6** ④		

해설

1. 여러 가지 날씨 현상을 설명하고 있다.
2. 글 전체의 내용을 간추려 스스로 글감을 떠올려 보아야 한다.
3. 겨울과 관련되는 날씨 현상은 설명하지 않았다.
4. 글에서 "으악, 하늘에 전기가 올랐나 봐."라는 구절 다음에 번개와 천둥에 관한 설명이 나오고 있다.
5. '땅에 붙어있지 않고 하늘이나 공중으로 올라가다.'라는 뜻이다. ② 감았던 눈을 벌리다. ③ 다른 곳으로 가기 위하여 있던 곳에서 다른 곳으로 떠나다. ④ 누룩이나 메주 따위가 발효하다. ⑤ 어떤 곳에 담겨 있는 물건을 퍼내거나 덜어 내다.
6. 글에서 '비 온 뒤에 공중에 떠 있던 물방울에 햇빛이 비치면서 무지개가 떴다.'라고 했으므로, 무지개가 자주 뜨는 곳이라면 비가 자주 오는 곳이라고 할 수 있다.

---

22 설명하는 글 읽기(22)

65~67쪽	정답		
1 ①	2 달	3 ④	4 ②
5 ④	6 ③		

해설

1. 한 달 동안 달의 모양이 어떻게 변하는지, 왜 그렇게 변하는지 설명하고 있다.
2. 관찰의 중심 대상이 글감이 된다.
3. 글에서, 하루 동안 달의 움직임을 떠올리며 동쪽에서 떠서 서쪽으로 진다고 말했다.
4. 태양 빛을 받는 부분이 달라지기 때문에 우리들이 볼 수 있는 달의 모양이 달라진다. 그림을 보면 더욱 이해가 쉽게 된다. ① 달은 전혀 보이지 않는다. ③ 달의 모양 변화는 빛의 반사와는 관계가 없다. ④, ⑤ '반사'를 넣어서는 설명할 수 없다.
5. '매일 뜨는 달의 위치'라고 했다. 날이 갈수록 달이 어느 쪽에서 어느 쪽으로 움직이는지 글에서 알 수 있다.
6. '매끈한 눈썹을 가진 사람'의 눈썹을 비유하는 표현이어야 한다.

---

23 설득하는 글 읽기(1)

68~69쪽	정답		
1 ③	2 물	3 ⑤	4 ①
5 ②	6 ④		

해설

1. 끝 문단에 글쓴이가 하고 싶었던 말이 잘 드러나 있다.
2. 아껴 쓰기를 생각으로 전하기 위해 선택한 재료.
3. 욕조에 물을 받아 놓고 장난하지 않겠다는 말만 나온다.
4. 물을 아껴 써야겠다는 생각을 다시 한 번 다지게 된다. ② 우리나라도 물이 풍부한 편이 아니다. 우리나라의 연 강수량은 1,200㎜로, 세계 평균보다 1.3배가량 많다. 하지만 땅 면적에 비해 인구수가 많은 편이라 1인당 연 강수량은 세계 평균의 12% 수준밖에 되지 않는다. 게다가 6~8월에 집중적으로 내린다. ③ 물기가 많은 과일을 키우는 데도 물이 필요하다. ④ 물이 풍부한 나라가 있을지, 수입하는 데 드는 돈을 어떻게 구할지가 문제이다. ⑤ 발달한 기술과 막대한 돈이 필요하다.
5. '말의 뿌리+ㅁ+이'의 짜임새로 이루어져 있다.
6. 물을 아껴 쓰자는 생각이 잘 드러나는 글이 되어야 한다.

---

24 설득하는 글 읽기(2)

70~71쪽	정답		
1 다른 사람, 말		2 ③	3 ①
4 ②	5 ④	6 ⑤	

해설

1. 말이 다른 사람의 마음을 기쁘게도 하고 상하게도 하니 다른 사람을 생각해서 말하자는 주장을 담고 있다.
2. 주제와 잘 어울리는 말을 찾아본다.
3. 뜻을 새기거나 높임말이 아닌 것을 보고 남의 마음을 상하게 하는 말을 확인할 수 있다.
4. 꿈을 키우고 고운 마음을 자라게 하여, 밝은 미래에 도달할 수 있다는 '희망'을 떠올릴 수 있다.
5. 입으로 하는 말이 삶에 큰 영향을 끼칠 수 있으므로

말을 조심해서 하라는 뜻을 담고 있는 속담을 찾는다. ① 이치에 닿지 않는 말이다. ② 말의 속뜻이 따로 있다. ③ 말로만 남을 대접하는 체한다. ⑤ 같은 뜻의 말이라도 표현하기에 따라 달리 들린다.

6. 아무리 가족이라고 하더라도 마음을 상하게 하는 말은 피해야 한다.

25 설득하는 글 읽기(3)

72~73쪽 정답

| 1 ② | 2 복도 | 3 ① | 4 ③ |
| 5 ④ | 6 ⑤ | | |

해설

1. 글의 첫머리에 나오며, 이 글의 주제이다.
2. '실내, 교실'도 나왔지만 '복도'가 가장 여러 번 나타났다.
3. 글 첫머리의 따옴표 속에 들어간 말은 선생님 말씀이다.
4. 글에 나온 내용으로 떠올릴 수 있어야 한다. ① 글에 나오지 않은 내용이며 떠올릴 수도 없다. ② 나오지 않은 내용이다. ④ 글쓴이가 쿵쾅거리며 걸은 적은 없다. ⑤ 친구가 쫓지 않았다.
5. '잘못되다'와 '그릇되다'는 비슷한 뜻의 말이다.
6. 설득하는 힘을 불어넣는 말은 부탁이나 의견에 대한 까닭을 밝히는 내용이어야 한다.

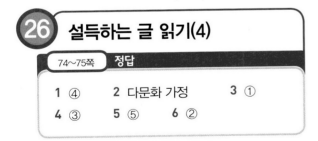

26 설득하는 글 읽기(4)

74~75쪽 정답

| 1 ④ | 2 다문화 가정 | 3 ① |
| 4 ③ | 5 ⑤ | 6 ② |

해설

1. 받아들인 주장이 글에서 주제가 된다. 다문화 가정의 행복을 위해 우리가 해주어야 할 일이 중심 내용이다.
2. 글감이어서 글에 여러 번 나타났다.
3. '도와주기', '보호하기'가 해줄 수 있는 일이라고 했다.
4. 아래 글을 보면, '혼혈 가정', '혼혈인'이라고 부르는 호칭을 바로잡아주는 일을 가장 먼저 해주어야 한다. ①, ②는 문제를 해결하는 데 작은 도움밖에 되지 않

으며, 가장 먼저 해주어야 할 일도 아니다. ④ '다른 것은 틀린 것이다.'와 같은 생각이 삐뚤어진 생각이라 할 수 있는데, 중요하기는 해도 가장 먼저 해야 할 일은 아니다. ⑤ 할 수 없는 일이다.
5. '깔보다', '비난하다' 등도 비슷한 뜻이다.
6. 다툼이나 다름으로 인해서 다가서기를 꺼려하고 있으므로, 마음의 짐을 벗고 스스럼없이 쉽게 어울릴 수 있도록 해주는 것이 가장 바람직한 행동이다.

27 설득하는 글 읽기(5)

76~78쪽 정답

| 1 ⑤ | 2 양치질 | 3 ① |
| 4 ③ | 5 ② | 6 ④ |

해설

1. 의견이나 주장을 실은 글은 읽는 사람의 생각이나 행동을 바꾸고자 하여 쓴다. 의견이나 주장은 대개 글의 첫머리나 끝에 놓인다. 이 글에서는 끝에 놓여 있다.
2. 고치도록 한 습관이 무엇인지 알아내야 한다.
3. 이가 아파서 음식을 씹지 않고 삼키면 소화가 잘 안 되어 위에 안 좋다고 했다. ② 음식을 잘게 부수는 것은 이가 하는 일이다. ③ 산성 물질을 만들어낸다. ④ 상아질을 뚫고 치아 속질까지 파내려간다고 했다. ⑤ 영구치는 한 번 빠지면 더 이상 나지 않는다.
4. 위가 부담을 가지지 않도록 이가 충분히 음식을 부숴 줘야 소화를 잘 시킬 수 있다. 음식물을 오래 씹는 습관은 건강에 아주 좋다고 한다.
5. 그림의 설명을 보면 신경과 혈관이 지나는 곳은 치수이다.
6. 음식물을 먹고 나서 입 안에 미생물이 늘어나지 않도록 양치를 하는 버릇이 가장 바람직하다.

28 설득하는 글 읽기(6)

79~81쪽 정답

| 1 살빼기, 운동 | 2 ⑤ | 3 ③ |
| 4 ② | 5 ① | 6 ⑤ |

해설

1. 글의 뒷부분에 강조하고자 하는 내용이 나온다. 빈칸을 채울 낱말도 뒷부분에서 찾아야 한다.
2. 중심 생각과 잘 어울리는 제목을 찾는다.
3. 글에서 무엇을 문제 삼으려고 하는지를 글의 시작으로 내세워야 읽는 사람들의 관심을 불러일으키고, 주제에 쉽게 다가설 수 있다.
4. '배고픔을 느낄 수 없으면'이라는 내용과 잘 어울리는 내용이어야 한다. ① 배고픔을 느낄 뿐만 아니라 음식을 먹어야 살이 찐다. ③ 본다고 해서 먹고 싶은 생각이 드는 것은 아니다. ④ 패스트푸드를 떠올릴 내용이 글에 나오지 않는다. ⑤ 느끼는 것만으로 살이 찐다고 할 수는 없다.
5. 앞을 까닭으로 삼아서 뒤에 단정하는 말로 이어갈 때 들어가는 낱말이다.
6. 유산소운동이 살빼기에 가장 효과적이라고 했다. 마지막 문단에서 유산소운동으로 소개한 것을 찾는다.

---

29 설득하는 글 읽기(7)

82~84쪽	정답		
1 ④	2 컴퓨터, 스마트폰	3 ③	
4 ④	5 ①	6 ⑤	

해설

1. 컴퓨터와 스마트폰 같은 전자기기 오락에 빠져 해로움과 위험함을 당하지 않도록 하기 위해 쓴 글이다.
2. 오늘날 우리들이 가장 많이 사용하는 두 가지 전자기기를 글감으로 선택했다.
3. 모르는 사이에 전자파에 휩싸여 있다고 했다. ① 컴퓨터를 움직일 때 나오는 전자파가 위험하다. ② 전기가 흐르는 곳에 전자파가 있다고 했지만, 전기를 대신하는 것은 아니다. ④ 눈, 어깨, 허리 등에 특히 안 좋다고 했다. ⑤ 오랜 동안 오락을 하고 나면 마음이 불안해질 수 있다고 했다.
4. 오락 중독에서 벗어나기 위해 어떻게 해야 하는지 자세히 알려주고 있다. 끝 문단을 새겨 읽어보도록 한다.
5. '습관'은 한자말이고, '버릇'이 같은 뜻으로 된 순우리말이다.

6. 헤어날 수 없을 만큼 마음이 온통 쏠려버린 경우를 고른다.

---

30 설득하는 글 읽기(8)

85~87쪽	정답		
1 ④	2 잠	3 ①	4 ④
5 ①	6 ②		

해설

1. 건강한 삶을 위해 잠을 충분히 자야 한다는 생각이 중심에 놓여 있다.
2. '건강과 잠'을 제목으로 붙일 수 있다.
3. 첫 문단에 그대로 나온다.
4. 우리 몸은 밝을 때 일하고, 어두울 때 쉬도록 맞추어져 있다고 했다.
5. '꾸다'라는 말의 줄기 '꾸'에 'ㅁ'을 붙여 낱말을 새로 만들었다.
6. 깨어있는 동안 워낙 기억에 뚜렷하게 남게 된 일이어서 꿈에 다시 나타난다는 뜻의 말이면 알맞다. ① 희망을 낮추거나 버리다. ③ 전혀 생각도 못하다. ④ 희망이 너무 커서 실현되기 어려움을 비꼬는 말 ⑤ 전혀 생각해내지 못하다.

---

31 설득하는 글 읽기(9)

88~90쪽	정답		
1 ③	2 습관	3 ⑤	4 ③
5 ⑤	6 ②		

해설

1. 글 전체의 내용과 연결되는 물음이어야 한다. ① 일 년 중 어느 때, 어떤 나이에 키가 크는지는 글에 나오지 않는다. ② 글의 첫머리에 조금 말한 내용이다. ④ 키가 크는 데 좋은 음식이 따로 있다고 하였다. ⑤ 글에 다루어진 내용과 거리가 멀다.
2. 키를 크게 하는 방법은 글의 앞부분에 간추려 두었다.
3. 둘째 문단을 보면 어떤 음식을 먹어야 키가 크는 데 좋은지 잘 나와 있다.

4. 키가 크는 데 필요한 조건 두 가지를 한꺼번에 다룬 셋째 문단을 보면 알 수 있다. 운동은 잠을 잘 잘 수 있게 하고, 잠은 운동을 하는데 꼭 필요하며 이 두 가지가 이루어질 때 키가 크는 호르몬이 잘 분비된다고 했다.

5. (마) 문단은 키가 크는 데 필요한 노력과 관계없는 내용이므로 생략하는 편이 자연스럽다.

6. 돈이 없으면 쉽게 해결할 수 없는 것이 음식이다.

32 설득하는 글 읽기(10)

91~93쪽 **정답**

1 ②　　2 숲, 보존　　3 ③

4 ④　　5 ①　　6 ②

해설

1. 처음에 세 가지 문제를 떠올린 뒤에 환경 문제가 가장 중요하다고 하여 여기에 초점을 맞추어 생각을 펼쳐 보였다.

2. 덜렁이가 시작하고 있는 말에 나와 있다.

3. 글에 분명하게 나타난 내용을 고른다. 글의 첫머리를 잘 보도록 한다. ① 사실이지만 글에 나오지 않았다. ② 나오지 않은 내용이고 가능하지도 않다. ④ 실천하기 어려운 일이다. ⑤ 글에 나온 생각이기는 해도 사실로 여긴 것은 아니다.

4. 환경 문제 중에서도 자원의 고갈에 특히 관심을 가져야 한다는 내용이다. 우리가 쓸 수 있는 물건의 재료는 시간이 지나면 언젠가는 없어진다는 사실을 알아야 한다는 생각이 바탕에 깔려 있다.

5. 두 가지 좋은 일을 한꺼번에 얻는다는 뜻의 속담.

6. 글의 내용 중에서 '종이나 연필도 쓰고, 숲도 보존하는 방법은 없을까?'라는 물음에 답이 될 수 있는 것을 고른다. 글의 끝 문단에 나온 실천할 수 있는 방법 중에서 고르는 것이 알맞다.

33 이야기 글 읽기(1)

94~95쪽 **정답**

1 ①　　2 동물　　3 ④　　4 ②

5 ④　　6 ⑤

해설

1. 숲 속에 사는 모든 동물들을 고민에 빠뜨린 사건을 찾아본다.

2. 글에 나온 낱말로 빈칸을 채운다.

3. '두꺼비'는 등장하지만 '개구리'는 보이지 않는다.

4. 고라니가 '한숨을 푹 쉬며'에서 해결할 수 없는 일이 생겨서 고민에 빠져있는 마음을 짐작할 수 있다. ① 행동의 목적을 말해준다. ③ 동작의 사실을 전한다. ④ 어떤 행동을 하는지 사실을 알려준다. ⑤ 어떤 일이 일어날 수 있는지 알려준다.

5. '바람'을 꾸며 주는 말이 어떤 일이 일어난 원인의 뜻이 되도록 한다. ⊙의 바람은 (찻길이 생기는 것이) '원인이 되어'라는 뜻이다.

6. 큰길 아래나 위에 동물들이 안심하고 다닐 수 있는 길을 만들어주면 고민을 덜어줄 수 있다.

34 이야기 글 읽기(2)

96~97쪽 **정답**

1 마음　　2 ①　　3 ④　　4 ③

5 ⑤　　6 ②

해설

1. 어떤 종류의 마음이 어떠한지 예를 들어가면서 떠올려준 내용이다.

2. 여러 가지 마음의 특징을 구별해 놓았다.

3. 잘못을 반성하는 마음은 보이지 않는다.

4. 앞서 있는 '용서하고'와 뒤따르는 '안아줄 수 있는'과 뜻이 어울릴 수 있는 낱말이어야 한다.

5. 바르고 곧은 마음의 외침이라 할 수 있는 '뉘우침'에 대해 떠올릴 수 있는 내용은 보이지 않는다. ① 첫 문단 뒷부분에서 떠올릴 수 있는 물음이다. ② 둘째 문단 뒷부분에서 떠올릴 수 있다. ③ 넷째 문단 뒷부분에서 떠올릴 수 있다. ④ 셋째 문단에서 떠올릴 수 있다.

6. 칭찬을 받아서 기쁘고 신난다.

35 이야기 글 읽기(3)

98~100쪽	정답	
1 ⑤	2 방울토마토	3 ①
4 ③	5 ②	6 ④

해설

1. 방울토마토 이름 짓기를 둘러싸고 학교와 집에서 아영이의 마음이 어떻게 변해갔는지를 이야기로 엮었다.
2. '물건'을 찾으라고 했다. 글감이어서 여러 번 나온다.
3. 가장 자주 나오면서 이야기를 이끌어가는 사람이 주인공이다.
4. 바로 앞에 나오는 아영이의 긴 말을 바탕으로 하여 속뜻을 떠올려보아야 한다. 앞의 말에 '슬프다', '외롭다' 등 마음을 드러낸 말이 나온다. ① 이런 감정에 한꺼번에 도달했음을 표현한 것은 아니다. ② '사랑'이라고 꼬집어 말하기는 어렵다. ④ '더불어 살아가는 즐거움'을 알려주는 말이 앞에 나오지 않았다. ⑤ 전체 내용과 맞아떨어지지 않는다.
5. '떠올린 기발한 생각'이라는 뜻.
6. '섭섭하다', '서운하다'를 떠올릴 수 있다.

36 이야기 글 읽기(4)

101~103쪽	정답	
1 ⑤	2 양치기 소년	3 ④
4 ①	5 ②	6 ③

해설

1. 사람들에게 여러 번 거짓말을 하여 믿음을 잃게 된 양치기 소년이 참말을 해서도 사람들의 도움을 받지 못하여 궁지에 몰리게 되는 내용에서 얻을 수 있는 교훈을 찾는다.
2. 글자 수에 맞추어 이야기에 나오는 대로 옮겨 쓴다.
3. 양이 모두 잡아먹히는 슬픈 장면으로 끝났다.
4. 그늘에서 졸고 있는 소년의 모습은 어떤 구절에서도 떠올릴 수 없다. ② 마을의 어른인 촌장님이 사람들

을 모으기 위해 종을 친다고 했다. ③ 늑대를 쫓기 위해 마을 사람들이 언덕으로 달려갔다. ④ 세 번이나 소리 질렀다. ⑤ 마지막 장면의 내용이다.
5. 다음 날로 시간이 바뀌었음을 알려준다.
6. 이 이야기처럼 동물을 등장시키거나 동물에 빗대어서 사람들에게 교훈을 전하는 이야기가 '우화'이다.

37 이야기 글 읽기(5)

104~106쪽	정답		
1 ⑤	2 치과 의사 드소토 선생님		
3 ①	4 ③	5 ④	6 ④

해설

1. 치과 의사 선생님과 치료받으러 온 여우 사이에서 일어난 일이 중심 줄거리를 이룬다.
2. 이야기의 첫머리에 이름이 정확하게 나온다.
3. 장면으로 그려진 사건 중 가장 먼저 일어난 것은 여우가 치과 의사를 찾아온 일이다.
4. 잠꼬대를 그대로 옮겨 보면 알 수 있다. "음, 음, 음냐음냐…… . 날로 먹으면 정말 맛있을 거야. 소금을 솔솔 뿌리고"를 보았을 때 의사 부부를 잡아먹어야겠다는 것을 알 수 있다. ① 여우가 굶었다는 말은 나오지 않는다. ② 치과를 떠올린 흔적은 보이지 않는다. ④ 잠꼬대의 내용으로 보아 치료가 끝나있겠다는 내용은 알맞지 않다. ⑤ 잠꼬대의 내용으로 보아 의사 부부를 기억하겠다는 내용은 알맞지 않다.
5. 오랜 시간 동안 여러 가지 방법을 떠올리면서 그 중에 어느 것이 가장 좋은지 궁리한다는 뜻이다.
6. 여우의 성격에 대해 정확하게 평가한 말을 찾아본다. 자신에게 베풀어준 은혜를 저버리려 한다.

38 이야기 글 읽기(6)

107~109쪽	정답		
1 매미, 개미	2 ①	3 ②	
4 ④	5 ③	6 ⑤	

1. 새로 발견한 먹이를 둘러싸고 벌어진 개미들 사이의 다툼이 주요한 줄거리이다.
2. 매미가 허물을 벗기 위해 7년 동안 잠을 자는 중 개미들에게 발견되었다.
3. 흉년에 젊은 일개미가 매미를 먹이로 발견해서 다툼이 생겼다. ① 흉년이 계속되어도 매미를 발견하기 전까지는 다툼이 없었다. ③ 매미의 노래는 일개미 중의 몇몇에게는 아름다운 소리가 되기도 했다. ④ 땀 흘려 일하기만 할 뿐이라면 다툴 이유가 되지 않는다. ⑤ 글에 나오지 않는 내용이다.
4. 노래에서 자연의 아름다움을 누리는 기쁨이 깔려 있다.
5. 이야기의 끝에 나오는 젊은 개미의 말을 통해 그 까닭을 알 수 있다.
6. 다툼을 하더라도 상대의 생각을 존중해 주는 태도를 가르침으로 삼을 수 있다. 다른 일개미들은 매미 노래의 소중한 가치를 떠올리고 있다. 아무 쓸모없어 보이던 매미의 노래에서 마음의 위안을 떠올리고 있는 것이다.

39 이야기 글 읽기(7)

110～112쪽 정답

1 ④   2 받아쓰기   3 ①
4 ⑤   5 ⑤   6. (1) 받아쓰기 시험 점수   (2) 교실   (3) 은수, 승규, 수진, 선생님

1. 우리가 다니는 학교에서 흔히 있을 수 있는 일을 다루면서 은수라는 아이의 마음이 어떻게 변화하는지 중심 내용으로 삼았다.
2. '받아쓰기'를 글감으로 삼아서 사건이 일어났다.
3. 선생님이 받아쓰기 시험을 치르겠다고 알려준 일이 가장 먼저 일어났다.
4. 공부 잘 하지만 남 생각은 덜 하는 얄미운 아이이다.
5. 선생님이 받아쓰기 문제를 말해주자 받아쓰기를 못 하는 은수가 보인 반응이다.
6. 시간이나 장소의 배경, 등장인물은 앞의 내용을 그대로 이어붙이면 된다.

40 이야기 글 읽기(8)

113～115쪽 정답

1 ④   2 박박 바가지   3 ①
4 ⑤   5 ③   6 ②

1. 특별한 사건이 있는 이야기가 아니라 반복되는 장면이 여러 가지 재미있는 말과 더불어 웃음을 자아내는 작품이다.
2. 흉내 소리는 '박박'이고, 물건은 '바가지'이다. 제목은 전체 내용을 대표할 수 있으면서 흥미를 불러일으키는 것이 좋다.
3. 주고받는 말을 제외한 부분에 이야기를 전하는 사람의 목소리가 나타난다. 모든 문장의 끝을 보면, 직접 이야기를 듣는 사람에게 전하는 말투여서 친근한 느낌이 든다. ② 자세하게 말하려면 문장의 길어가 길어야 한다. ③ 옛날 일이기는 해도 낯설다고 하기는 어렵다. ④ 줄거리가 흘러가도 말투에 변화가 없다. ⑤ 등장인물을 대신하지 않고 따로 목소리를 내고 있다.
4. 할머니의 말을 건성으로 받아넘기는 것으로 보아 깊이 생각할 줄 모르는 성격이라고 할 수 있다.
5. 개–멍멍, 멍멍
6. 코끼리 소리는 누구도 들어본 적이 없는 소리이다.

41 이야기 글 읽기(9)

116～118쪽 정답

1 ①   2 허준   3 ②   4 ④
5 ②   6 ①

1. 한 인물이 태어나서 죽을 때까지 무엇을 하며 어떻게 살았는지, 어떤 업적을 남겼는지 순서대로 쓴 글이다.
2. 여러 번 반복하여 나타난 허준이 주인공이다. 전기에서는 주인공의 이름이 글감이면서 제목과도 깊은 관계가 있다.
3. 허준이 유의태라는 유명한 스승을 찾아갔다는 것만

사실로 나온다.

4. 글의 첫머리를 보면, 허준의 아버지는 양반이었지만 어머니가 종의 신분이어서 허준이 차별을 심하게 받았음을 알 수 있다. ① 글에서 알 수 없는 내용이지만, 중인 이상의 신분이면 의원이 될 수 있었다. ② 짐작할 수 있는 내용이 전혀 없다. ③ 돈 없는 사람들을 치료해주었다는 내용만 알 수 있다. ⑤ 어기지 않고 따른 신하의 모습은 나타나지 않는다.

5. 유명한 사람의 일생 동안 산 흔적을 적어놓은 글이 '전기'이다.

6. 업적을 강조하면서 광고의 효과를 올리는 방법으로 그 인물이 지은 책을 내세울 수 있다. 특히 후세에 널리 알려진 책이라면 효과가 매우 크다.

42 이야기 글 읽기(10)

119~121쪽 정답

1 ⑤	2 그림	3 ①	4 ②
5 ④	6 ③		

해설

1. 글의 끝 부분에 깨달을 수 있는 내용이 잘 드러나 있다. '어릴 적부터 바라고 바라던 꿈을 이루어 낸 거예요.'

2. 김홍도는 유명한 화가이다.

3. 홍도는 책만 보면 졸음이 쏟아졌다고 했다. ② 그림에 취하다 보니 그림에 있는 꽃향기가 나는 것 같다. ③ 칭찬을 한 적은 없었다. ④ 커다란 종이에 그림을 그렸는지 알 수 있는 말은 보이지 않는다. 홍도가 그렇게 했으면 좋겠다는 생각만 나와 있다. ⑤ 홍도에게 붓과 종이를 구해다 준 것은 외삼촌이다.

4. 그림 앞에서 그림에 빠져들다 보니 마치 그림 속에 들어와 있는 것처럼 느껴진 것이다.

5. 종이가 없어서 땅바닥에 그렸다.

6. 아버지가 홍도의 마음을 헤아렸다면, 홍도의 그림그리기를 허락한다는 말과 아버지의 소망인 공부도 하라는 내용이 들어가야 한다.

43 이야기 글 읽기(11)

122~124쪽 정답

1 봉사, 가난한	2 ③	3 ②
4 ③	5 ④	6 ⑤

해설

1. 장기려 선생님이 한 일을 보고 감동적인 내용을 중심으로 간추려본다.

2. 주인공의 사람됨이 중심 내용을 이루고 있으므로 인물의 이름이나 별명이 강조되는 제목이 알맞다.

3. 이 이야기에서 줄거리를 전하는 사람은 '기오'라는 어린이이다. 그래서 이 아이의 눈으로 바라보고 느낀 점을 전하고 있다.

4. 기오뿐만 아니라 다른 모든 사람들에게 마음을 써서 생각해 준다. ① 자기 자랑을 일삼는 성격이 아니다. ② 고집이 세다고 볼 수 있는 말이나 행동은 보이지 않는다. ④ 지도자나 교사의 모습과는 거리가 멀다. ⑤ 이런 자잘한 성품은 아니다.

5. 아직 이 낱말에 대해 느낌이 들지 않는다면 그냥 그대로 익혀둔다.

6. 글을 읽고 감동이 컸던 내용을 중심으로 자신의 각오나 다짐을 쓰는 편이 좋다.

44 이야기 글 읽기(12)

125~127쪽 정답

1 ②	2 게으르다	3 ⑤
4 ③	5 ④	6 ③

해설

1. 작은 암탉이 다른 동물들에게 부탁을 할 때마다 동물들은 핑계를 대며 거절한다. 그때마다 암탉과 병아리들은 서로 마음을 합하여 자신들의 힘으로 일을 해낸다. 이렇게 되고 보니 부탁을 들어주지 않은 동물들이 옹졸해 보이고, 옳지 않아 보인다. ① 다른 동물들이 변명을 했지만 해로움이 돌아간 것은 아니다. ③ 자기에게 돌아올 몫과 직접 관련되는 내용이 아니다. ④ 할 일을 미루는 태도는 나타나지 않았다. ⑤ 남에

게 일을 시키는 내용은 보이지 않는다.

2. 됨됨이가 서로 차이가 난다. 암탉은 바람직하고, 다른 동물들은 바람직하지 않다. 이런 차이나는 됨됨이를 중심 글감으로 삼도록 했다.

3. 글에 아직 나타나지 않은 것을 골라야 한다.

4. 밀을 빻아서 밀가루를 만들었으면 다음 차례는 무엇일까? 당연히 빵을 만드는 일을 할 것이다.

5. 소는 외양간에 살고, 돼지는 우리에서 산다고 표현했다.

6. 거절하는 동물들을 향해, 작은 암탉과 병아리들이 합창을 하고 있으므로, 변명하며 게으름을 피우는 상대를 향해 내는 목소리여야 한다.

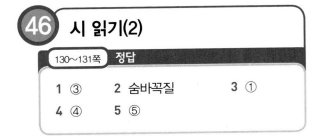

45 시 읽기(1)

128~129쪽 정답

| 1 ② | 2 잠자는 사자 | 3 ① |
| 4 ③ | 5 ⑤ | |

해설

1. 피곤해서 코를 골며 주무시는 아버지를 향한 사랑의 마음이 잘 드러난 시이다.

2. 아버지를 잠자는 사자에 빗대어 표현했다.

3. 주무시는 아버지, 양말을 벗겨드리려는 아이의 모습 등이 장면으로 그려지고 있다.

4. 코를 골며 주무시는 모습으로 보아 피곤하다고 할 수 있다. ① 지겨워하는 모습이 아니다. ② 잠을 푹 자고 아침에 일어났을 때의 기분은 아니다. ④ 마음이 놓이지 않는 모습이 아니다. ⑤ 안절부절 몸 둘 바를 모르는 모습이 아니다.

5. 코를 코는 소리를 흉내 낸 말이 주무시는 장면에 실제로 체험하는 느낌을 높여준다.

46 시 읽기(2)

130~131쪽 정답

| 1 ③ | 2 숨바꼭질 | 3 ① |
| 4 ④ | 5 ⑤ | |

해설

1. 술래가 숨으라고 하고 숨은 사람을 찾아가는 모습을 그리고 있다.

2. 맞춤법에 주의하여, '숨바꼭질'이라고 정확하게 써야 한다.

3. '꼭꼭 숨어라'가 세 번 나왔다.

4. 숨은 사람을 찾지 못해 답답하다. ① 시에서 읽을 수 없는 마음이다. ② 숨어 있는 사람이 가질 수 있는 마음이다. ③ 시에서는 찾기 어렵다. ⑤ 숨어 있는 사람이 가질 수 있는 마음이다. 숨은 곳을 술래가 찾을까 봐 마음을 졸이는 것이다.

5. '숨다'가 가장 먼저 나타나고, '찾다'가 가장 나중에 나타난다.

47 시 읽기(3)

132~133쪽 정답

| 1 ① | 2 나물 | 3 ⑤ | 4 ③ |
| 5 ② | | | |

해설

1. 나물 이름을 늘어놓은 것으로 보아 나물 캐기를 떠올리게 하는 노래이다.

2. 글감은 여러 가지 나물이다.

3. '쑥쑥, 나리나리, 꼬불꼬불, 달래라 달래, 말랑말랑, 질겅질겅'처럼 같은 소리의 말이 반복되어 부르고 들을 때 재미를 느낄 수 있다.

4. '쑥쑥 뽑는다'에서 쑥 나물의 이름이 붙여졌다. ① 들에서 난다고 지어진 이름이다. ② 봄에 나는 냉이라고 지은 이름이다. ④ 참기름에 무쳐 먹는다고 지은 이름이다. ⑤ 말랑말랑해서 붙인 이름이다.

5. 세 묶음(3연)으로 되어 있고, 각 묶음은 세 줄씩으로 되어 있다. 모든 줄은 7개의 글자 수로 이루어져 있다.

48 시 읽기(4)

134~135쪽 정답

| 1 ③ | 2 봄 | 3 ⑤ | 4 ① |
| 5 ③ | | | |

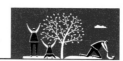

해설

1. 이제 막 찾아든 봄과 더불어 한가로운 분위기에 젖어든 집안의 풍경을 그리고 있다.
2. 사람도 짐승도 잠을 이기지 못하고 바람이 솔솔 불며 볕이 따스하게 비치는 계절이다.
3. '아저씨'는 햇빛을 빗대어 표현하기 위해 끌어들였을 뿐이고 시의 말로 그려지지는 않았다. ① 1연, ② 3연, ③ 4연, ④ 2연
4. 1연은 엄마의 발아래에 잠든 아기의 모습을 떠올리게 한다.
5. '코올코올, 가릉가릉, 소올소올, 째앵째앵'은 모두 흉내 낸 말이다.

49 시 읽기(5)

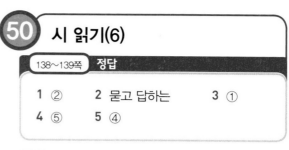

136~137쪽	정답		
1 ③	2 풀	3 ②	4 ④
5 ①			

해설

1. 시에서 말하는 사람이 아빠 엄마가 자신을 몹시 사랑하고 있음을 드러내고 있다.
2. 시에서 말하는 사람은 자신을 '풀'이라고 하시는 아빠 엄마의 말을 받아들여 그러면 그런 '풀'을 넉넉하게 자라게 하는 '들판'과 같은 존재가 아빠와 엄마라고 하고 있다.
3. '졸래졸래/따라다닌다.'라는 표현에서 '졸래졸래'는 앞의 사람과 떨어지지 않도록 열심히 따라다니는 모습을 흉내 낸 말이다.
4. 같지 않은 둘을 '같다'라고 표현하기 위해서는 둘 사이에 같거나 비슷한 점을 떠올려야 한다. 아빠 엄마를 들판이라고 했을 때, 아빠 엄마와 들판 사이에 같거나 비슷한 점이 있어야 이런 표현이 이루어질 수 있다. 아빠 엄마가 나를 안아 주신다. 들판이 풀을 안고 키운다. '안아서 키운다'라는 점이 비슷하다.
5. '귀연'은 '귀여운'으로 써야 하지만 귀엽다는 느낌을 강하게 드러내기 위해 '귀연'으로 표현했다. '꼬옥'도 '꼭'이라 써야 하지만 떨어지지 않고 엄마의 사랑을 받고자 하는 모습을 강조하기 위해 이렇게 쓴 것이다.

50 시 읽기(6)

138~139쪽	정답		
1 ②	2 묻고 답하는	3 ①	
4 ⑤	5 ④		

해설

1. 묻고 답하면서 말을 주고받는 말놀이
2. 한 사람이 묻고 다른 사람이 답하는 형식
3. '하나는 뭐니?/빗자루 하나'에서 볼 수 있듯이 같은 수로 시작하여 끝난다.
4. 말놀이를 통해 쉽게 낱말을 익힐 수 있다.
5. 소와 같은 짐승의 다리는 넷이다. ① 젓가락의 수는 둘, ② 숟가락은 하나, ③ 공기 알은 다섯, ⑤ 손가락은 다섯, 여섯은 곤충의 다리 수

51 시 읽기(7)

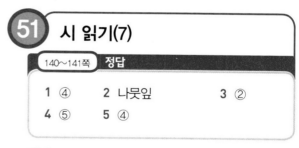

140~141쪽	정답		
1 ④	2 나뭇잎	3 ②	
4 ⑤	5 ④		

해설

1. 나뭇잎이 진 어느 가을, 아침 날의 을씨년스러운 분위기를 중심 내용으로 삼았다.
2. '나뭇잎'을 중심 재료로 삼아 풍경과 분위기를 드러내고 있다.
3. '오늘 아침'으로 시간의 배경이 나타나고 있는데, 시의 내용으로 볼 때, 오늘은 가을의 어떤 날이다.
4. '나뭇잎'은 말을 할 수 없는 물건인데, '웅크리고 모여 앉아서', '소곤소곤하면서/발발 떱니다'라고 표현하여 사람처럼 꾸몄다. 이 표현은 우리의 상식을 벗어난 것이며, 따지고 보면 이상해 보인다.
5. '옹기종기'와 '발발'은 모양을 흉내 낸 말이고, '소곤소곤'은 소리를 흉내 낸 말이다. 이런 흉내 낸 말은 재미있는 느낌이 들게 한다.

52 시 읽기(8)

142~143쪽 **정답**

1 ④　　2 노랑나비　　3 ④
4 ⑤　　5 ③

해설

1. 꽃잎, 소뿔 등에 앉았다가 길손을 따라 날아가는 노랑나비를 그려놓았다.
2. 색깔을 분명히 하여 '노랑나비'라고 써야 정답이다.
3. 모든 묶음이 다섯 줄로 되어 있어 모양의 아름다움을 보여 준다.
4. 살포시 앉았다가 일어나 어디론가 날아가는 노랑나비에서 자연과 어울려 천진난만하게 살아가는 어린아이의 모습을 떠올려볼 수 있다.
5. '자고', '갔네'는 모두 움직임을 뜻하는 말이다.

53 시 읽기(9)

144~145쪽 **정답**

1 ①　　2 떡볶이　　3 ③
4 ④　　5 ⑤

해설

1. 두 편이 모두 맛있는 음식을 먹고 싶은 마음을 읊고 있다.
2. 다루어진 음식 이름은 맛이랑 먹는 모습으로 볼 때, '떡볶이'이다.
3. (가)의 첫째 줄과 (나)의 둘째 줄을 보면, '맵다'가 공통적으로 나타나고 있다.
4. 소리를 함께 삼킬 만큼 음식의 맛에 흠뻑 빠져 들어간다는 뜻이다. ① 소리 지르는 모습을 떠올리기는 어렵다. ② '마주 앉아'라고 새길 만한 낱말이 없다. ③ 소리가 없다는 뜻은 맞는데, 즐겁다는 소리로 새길만한 내용은 아니다. ⑤ '소리 지르다'로 새길 낱말이 없다.
5. '송골송골'은 땀이나 소름, 물방울 등이 살갗이나 표면에 잘게 많이 돋아난 모양을 흉내 낸 말이다.

54 시 읽기(10)

146~147쪽 **정답**

1 ②　　2 늙은 잠자리　　3 ②
4 ④　　5 ④

해설

1. 늦가을 잠을 잘 자리를 찾지 못한 늙은 잠자리의 모습에서 떠올릴 수 있는 느낌과 분위기
2. 시에서 다룬 글감을 제목으로 삼을 수 있다.
3. '마나님'은 '수수나무'를 사람처럼 빗대기 위해 끌어들인 말이고 시에서 말하는 사람이 본 것은 아니다.
4. 늙은 잠자리가 바지랑대 갈퀴에 앉아 '한숨짓는다.'라고 했는데, 잠자리는 원래 한숨지을 수 있는 것이 아닌데 사람처럼 빗대기 위해 이렇게 표현한 것이다. ① 수수나무를 사람처럼 표현한 것이다. ② 수수나무의 말이다. ③ 빗댄 표현이 아니다. 물건을 직접 가리키는 말이다. ⑤ 빗댄 표현이 아니다. 본 것을 그대로 옮겼다.
5. 첫줄을 보면, '수수나무 마나님 좋은 마나님'인데, 글자 수가 7 · 5로 되어 있다. 다른 줄도 모두 똑같다. 우리나라의 민요나 민요를 닮은 현대시에는 이와 같은 7 · 5조가 많이 나타난다.

55 시 읽기(11)

148~149쪽 **정답**

1 ②　　2 새, 나무　　3 ①
4 ④　　5 ⑤

해설

1. 나무를 좋아하는 새를 세 번 거듭해서 말하고 있다.
2. 가장 여러 번 나타난 낱말들이다.
3. 날아다니는 새의 모습을 보고, 새의 노래 소리를 듣는다.
4. 자연 속에서 거리낄 것 없이 날아다니며 사는 모습이다.
5. '새는/나무가 좋다.'라는 문장이 내용 전부를 요약하면서 반복되고 있다.

초등 국어 독해의 길잡이

독해력
키움

2단계 (2학년)